远游
无处不消魂
Yuanyou Wuchu Bu Xiaohun

徐滇庆 ◎著

图书在版编目(CIP)数据

远游无处不消魂/徐滇庆著. —北京:北京大学出版社,2017.1
ISBN 978-7-301-27880-2

Ⅰ.①远… Ⅱ.①徐… Ⅲ.①随笔—作品集—中国—当代 Ⅳ.①I267.1

中国版本图书馆CIP数据核字(2016)第311042号

书　　名	远游无处不消魂 YUANYOU WUCHU BU XIAOHUN
著作责任者	徐滇庆　著
责任编辑	郝小楠
标准书号	ISBN 978-7-301-27880-2
出版发行	北京大学出版社
地　　址	北京市海淀区成府路205号　100871
网　　址	http://www.pup.cn
电子信箱	em@pup.cn
新浪微博	@北京大学出版社　@北京大学出版社经管图书
电　　话	邮购部62752015　发行部62750672　编辑部62750667
印刷者	北京中科印刷有限公司
经销者	新华书店
	787毫米×1092毫米　16开本　7.375印张　158千字 2017年1月第1版　2017年1月第1次印刷
定　　价	38.00元

未经许可,不得以任何方式复制或抄袭本书之部分或全部内容。
版权所有,侵权必究
举报电话: 010-62752024　电子信箱: fd@pup.pku.edu.cn
图书如有印装质量问题,请与出版部联系,电话: 010-62756370

前 言

在剑门关上,我想起了宋代陆游的诗:

衣上征尘杂酒痕,
远游无处不消魂。
此身合是诗人未,
细雨骑驴入剑门。

消魂,亦作销魂。辞海上解释"销魂"为"神思茫然,仿佛魂将离体"。如果远游而能销魂,是为极品境界。无论读书或者旅游,都要用心。只有用心读书才能有所心得;只有用心旅游才能偶尔销魂。

有的人被称为书虫,总看见他捧了本书看,却从来没有听见他发表什么议论,更没有见他写过只言片语。也许,厚积薄发,哪天一鸣惊人,来一本皇皇巨作也未可知。倘非如此,读到死也没动静,岂不是白读了?

有的人喜欢出门旅游,不停地从一个地方跑到另一个地方。若问看见了什么,支支吾吾,什么也说不出来。赶车赶路,到了地方,排队上厕所,再赶车赶路。出门又花钱又费劲,那么辛苦劳累,何必!不如宅在家里,睡个懒觉。

读书,虽不能说开卷有益,但是读罢掩卷,总该反思一下,这本书说了什么,哪些是以前不知道的。如果看了好多页还不知所云，赶快丢掉，换一本再看。引起争议的书，非看不可。越是有争议的书，越值得看。没有新观点，哪里来的争议？

万里河山，恰似一本无字天书。旅游就是在读这部无字天书。要从山河湖海变幻莫测的景色中读懂历史、哲学、文化和人生。前辈先贤给我们留下了丰富的文化遗产，其中大量的诗赋散文不仅精炼、生动地描绘了壮丽的景色，还寄寓深刻的内涵。缺乏文化底蕴的湖光山色固然很好，却留不住心。

旅游要用心去游、去看、去想。销魂就是一种很高的思想境界。有所感触，才会仿佛魂将离体。只有托体于永恒的大好河山，方能超脱世间万般烦恼，升华到一个清净世界，陶冶情操。在超凡的精神世界里，壮丽的山河可以带领你向佛陀菩萨请教人生哲学，可以介绍你和文豪诗圣请教切磋，可以引导你拜会先哲贤王、忠臣良将，和他们讨论历代的是非得失。我是学经济的，多走一些地方，多看一些不同的经济增长模式，可以帮助我更好地理解经济学理论和历史上的兴衰交替，总结出更为生动深刻的经验和教训。

旅游和读书，相辅相成，乐趣无穷。

劳动分工是提高经济增长率的重要一环。出门之后，千万不要以为自己无所不知，无所不晓。离开自己的驻地之后，人生地不熟，要了解这个地方的今日往昔就要开口问。每到一处，我总是紧跟导游，亦步亦趋，认真听，不懂就问。后来发现，导游大多是照本宣科。几乎所有出售旅游纪念品的地方都会有几本介绍当地风土人情、历史典故的书。导游的介绍不过是书中之一二。近年来，我从来不买那些旅游纪念品，大同小异，家里不知道积压了多少，如果都摆出来，还不成了杂货铺。但是，只要见到介绍当地风土人情、历史典故的书籍，我非买不可。有些旅游读物虽然印制粗糙，或缺文采，却包含着大量信息和原始资料。花费甚少，性价比很高。拜读之后，如醍醐灌顶，豁然开朗，以至于在归程路上就爱不释手。

2015年，我满70岁，终于宣布退休了。有人问，你身体还这么好，怎么就退休了？我回答，就是因为身体还好就赶紧退休，否则，等到身体垮掉了，爬都爬不动了，退休不退休都没意思了。

其实，退休了，只不过意味着我不必再按时走进教室讲课。身边照样跟着一群研究生和本科生，指导论文，写推荐信。除此之外，书照写，会照开，科研任务一点没少，手头的事情似乎还更多了。最近，和同事们一起编完了《国民核算研究报告，2015》，写了序言，并且把一本新书《看懂中国产能过剩》交给了出版社。忙忙碌碌，迄今为止，还没有遭遇人们常说的退休失落感。退休最大的好处是时间安排更自由了。每逢节假日或者寒暑假，人家休息，外出旅游，我在家看书，写点东西。人家上班上课了，我正好出去旅游。

是不是会写更多的游记？不一定。要看有没有感触，有没有值得写的东西。最近，秋高气爽，我去了加拿大著名的枫叶之都——阿岗昆公园。万山红遍、层林尽染，漂亮极了。归来之后，却不知道写什么才好。我曾经乘十几万吨的邮轮在海上巡航。望着万顷波涛，心旷神怡，却写不出几个字来。写不出来就不要写，无病呻吟，惹人讨厌。

无论我去哪儿旅游，夫人关克勤都和我在一起。在旅途中如果我有什么见解、感叹，她总是第一个听众。她不仅听，还要发议论，经常泼冷水，写它干什么！确实，在很多情况下，我自己也不知道写游记干什么。朋友聚会的时候，我常常报告旅游见闻，随带高谈自己的一孔之见。听众反映尚好，没听过的要求再讲。与其讲了一遍又一遍，不如写出来算了，权当好玩。

退休之后，腾出手来，把最近几年写的一些游记整理出来，算是第四卷，交给出版社。和以前几本游记一样，这不是正经的研究成果。我在讲学、研究过程中顺带着游山玩水，不务正业，写出来的文字也欠缺推敲，肯定有不少谬误，倘蒙指正，不胜感激。

北京大学出版社的郝小楠编辑帮助我出了好几本书。我的游记第三卷就是由她担任责任编辑。她工作认真，效率很高，提出了不少很有见解的建议。在此致以真诚的谢意。

徐滇庆

2016 年 11 月 2 日

目录

- 千古正气在腾冲——腾冲记行 1
- 面壁思过的张献忠——文昌宫记行 24
- 官匪转换翠云廊——翠云廊记行 39
- 剑门天险不足凭——剑门关记行 48
- 丽江有梦活得爽——丽江记行 58
- 老子西出函谷关——函谷关记行 69
- 蛊怪奇绝张家界——张家界记行 81
- 颠覆五岳看绵山——绵山记行 89
- 北岳恒山悬空寺——北岳记行 113
- 香火千秋在云冈——大同记行 126
- 民间王府的来世今生——常家大院记行 135
- 涿鹿原上九龙飞——涿鹿记行 151
- 挂壁公路，感动中国——郭亮记行 168
- 两朝交替叹兴城——宁远记行 179
- 柏林禅寺学论禅——赵州记行 203
- 苏东坡的脚印——惠州记行 220

千古正气在腾冲
——腾冲记行

极边第一城

昆明到腾冲670公里,飞行时间只要50分钟。倘若开车,上山下山,弯弯绕绕,10个小时也不一定够。从飞机舷窗往下看,一条条陡峭的山脉由北向南奔腾而来,死活也不让并肩紧挨着的金沙江、澜沧江和怒江会面。金沙江无奈地转了一个大弯,掉头奔东海而去,澜沧江和怒江则一径向南,出国之后分别改名叫作湄公河和萨尔温江。

暴雨之后,江水浑黄。有的地方江面宽阔,水色澄绿,显然是水库。云南的水能资源非常丰富,有待开发。有人说,修了水电站会导发地震。我不知道这话是否靠谱,没修水电站的时候怎么也闹地震?

听见空姐广播,飞机马上就要着陆,朝外看去,离开地面好像还有几百米。突然之间机翼紧贴着迅速上升的树梢,一下子就降落在跑道上。腾冲的机场修在山顶上,堪称一绝。

虽然只是在天上掠过，却完全可以理解穿越横断山脉之艰难。不能不由衷佩服徐霞客，居然凭两条腿走到了腾冲。徐霞客于1639年4月来到腾冲，在这里停留了4个月，除了游记之外还写了一部《近腾诸彝说略》。他描述沿途所见："峡底无余隙，惟闻水深潈潈在深箐中。峡深山亦甚峻，藤木蒙蔽，猿貑昼号不绝。"如今，难得听见猿猴啼叫，可是，山还是那么陡，谷还是那么深。出腾冲不足50公里就是中缅边境。也许有人告诉徐霞客，再往前走就出国了，于是，徐霞客称腾冲是"极边第一城"，转头向北，去了丽江。滇西地区多民族杂居，丽江以纳西族为主，大理以白族为主，腾冲地处更为偏远，居然完整地保持了汉族传统文化。

在徐霞客来腾冲22年后（1661年），南明的永历皇帝也来了。不过他可没有心思游山玩水，屁股后面跟着吴三桂，穷追猛赶。永历帝经腾冲一溜烟逃进了缅甸。吴三桂好像没有什么边界概念，居然越境抓捕，将永历皇帝押回了昆明。

再过310年（1949年），国民党第八军残部在李弥带领下逃入缅甸，史称"孤军"。李弥是腾冲人，带着部下节节败退，一直跑回老家。他在腾冲站不住脚，越境进入缅甸，坚持了几十年。至今在缅北的一些大山里还有孤军的后代，讲中文，拜孔子，自称是中国人。

如今，腾冲好像离北京、昆明越来越近，交通完全不是问题，说来就来。腾冲已经变成了一个旅游胜地。

火山地质奇观

腾冲位于地壳两大板块的交界线上，地质结构非常特殊。

多火山，多地震。2011年6月22日，我刚到腾冲就接到北京朋友的电话，问候安全，弄得我摸不着头脑。他说，新闻报道腾冲地震，5.2级。我好像根本没有感觉，街头巷尾连片瓦都没有震落。腾冲的朋友说，这里经常地震，家常便饭。

中国有许多温泉，可是，很少见到像腾冲热海大滚锅这样的温泉。远远望见丛林上方窜出一股水汽。八角形的汉白玉栏杆围着一个圆形的泉眼，直径6米多，水色乳白，大大小小的气泡不断从潭中涌出，浪花翻滚，响声隆隆，水温高达96度。旁边告示上说明，千万不可逾越栏杆，以免烫伤。在泉眼右侧有个热泉体验区，沙岩上有几个小水塘。咕嘟咕嘟地冒热气，好像泉水正在沸腾。小心翼翼地试试，马上把手指缩了回来，好烫！连周围的地面都是热的，不能久立。有人用稻草捆住几个鸡蛋，丢在泉眼中，不一会就熟了。大滚锅旁有凉亭，坐稳后，服务员送来一壶茶和一筐煮熟的花生、土豆和鸡蛋。小姑娘特地说明，花生和鸡蛋都是在大滚锅里煮熟的，不过茶水是用别处的山泉泡的。大滚锅中的泉水硫磺气太重，喝不得。

虽然地热泉水不适合饮用却非常适合泡澡。在大滚锅下方有温泉浴场，二三十个露天浴池各有名目。由于温泉水量很大，不必循环使用，池水非常洁净。我在这个池中泡泡，换个池子再泡泡，好像各个池子之间的区别并不大。泡过温泉，摸上去，身上滑溜溜的。

除了温泉之外，腾冲的地下水资源特别丰富。济南的趵突泉水量充沛，却难和腾冲的黑鱼河一比。准确地讲，这里不是泉水涌出，而是地下河露头。清澈的泉水从石缝中现身，顿时就形成一条波涛滚滚的大河。

腾冲的地质结构非常特殊。据统计，腾冲有休眠状态的火山90多座，地热温泉197个。路边随处可见火山堰塞湖、火山口湖、熔岩堰塞瀑布、熔岩巨泉等。当地民谣唱道：腾冲有山九十九，九十九座山无头。腾冲四周，群山环绕，郁郁葱葱，没头的山就是火山，有截顶圆锥状、盾状、穹状、金字塔状等，形状不一。最近的一个火山口离腾冲只有20多公里。据说，300年前还有一次火山爆发。也就是说，徐霞客来过之后还曾有火山爆发。谢天谢地，好在如今腾冲没有活火山，否则，谁敢来？

腾冲火山国家地质公园离城仅23公里。登上小空山，只见一个标准的圆形火山口，坑底长满了树木野草。围绕着火山口转圈修了木板走廊。转一圈或有500米。在火山脚下，农民们摆摊出售火山蛋。看起来像鸵鸟蛋那样大，拎起来却很轻，好像是泡沫材料，中间布满孔洞。可惜，火山蛋的颜色灰黑，缺乏观赏价值，购者寥寥。朋友说，在腾冲有些成语并不妥帖。例如，石沉大海，水火不容。火山蛋丢在水里能浮起来。火山口上冒出热泉，水火交融。

若说火山石轻，轻不过火山灰。腾冲的另外一个地质奇观就是北海湿地。出城仅10公里，就看见一片貌似寻常的草地。草地当中蜿蜒着条条小河。草地深处伫立着几只白鹭。

我们的汽车在湖边刚刚减速，就有一个农夫模样的人骑着摩托车靠了过来，问要不要进草地？见我们点头，他挥挥手，意思很明白，跟我走。从大路下来，拐进了一个湖边小村。停车后农夫说："50块钱一个人。你们4个人，二百！"

朋友问："怎么涨价了？"

"什么都涨价，我涨这点算什么？"

朋友说："原来才30元一个人，要涨也不能翻番地涨，150元，去不去？"

农夫笑道："好说。一百五就一百五。"

跟到他家里，叫我们换上高筒雨鞋。我搞不清楚为什么坐船还要换上雨鞋，反正从命就是了。他扛根竹篙，手拿一只破旧的搪瓷饭碗，带着我们沿着田埂弯弯曲曲地走到芦苇深处。在水边停泊几条小木船。他跳上船去，用饭碗将船中积水舀出去。随后吩咐我们逐一登船。坐定后，农夫竹篙一点，小船便滑了出去。

河道只有三四米宽，九曲十八弯，两旁都是草地。进入湖心后，农夫将竹篙插了下去，邀请乘客登上草地。就像踩在弹簧床上一样，脚底下的草地起伏摇摆。有些地方一脚踩下去，泛出来的湖水没过脚背。难怪要我们都穿上高筒套鞋。朋友介绍说，火山爆发后在这里形成堰塞湖。落下的火山灰浮在湖面上，杂草丛生，久而久之，草皮越积越厚，有的地方甚至可以厚达2米。他说："如果草皮的面积小一点，可以分割开，当船撑走。"

我问："如果踩破了草皮，会不会被陷进泥淖？"

农夫笑道："没事,如果有危险,我还敢叫你们踩上来吗？草皮厚着呢。即使草皮被踩个窟窿，也不要紧，下面水深着呢，大了不起弄湿衣裳。"农夫用竹篙向草皮下探去，确实没有根。

人生最难死得好

近年来，为了招揽游客各地纷纷重修名人故居。据说河南、湖北为了争夺诸葛亮故居吵得不亦乐乎。古往今来，尊崇先贤，理所当然。问题在于什么样的名人才值得后人学习、崇敬。在重修名人故居之前不妨考虑一下，人们在参观之后会得到什么教益。在五千年历史中，"名人"不计其数。当过皇帝的有好几百，更不用说多如牛毛的封疆大吏、富贾豪绅。如果说要保存名人故居的话，一定要对后人有所启发教育。或者有大功于民族，推动社会发展，功勋彪炳；或者忠于国家，浩然正气，舍身成仁；或者道德文章，学问盖世，启迪后人。总之，要对后人有所教诲，鼓励年轻人继承光荣传统，开创新业。"诸葛丞相祠"、"杜甫草堂"门前游人如织，络绎不绝，有几个人关心达官贵人、帝王公卿的故居？他们的故居留了也是白留。近来，连孙悟空、西门庆故居都冒了出来，除了自贬身价、贻笑大方之外，还能说明什么？

腾冲有个艾思奇故居。

年轻人恐怕没有几个人知道艾思奇，可是，很多60岁以上的人都读过他写的《大众哲学》，都知道他是毛主席非常欣赏的一位哲学家。

艾思奇的故居在和顺乡的水碓村。

村前有潭，潭边有水车，潭中有亭。隔潭望去，元龙阁依山而起，飞檐楼阁突兀于葱郁的竹林蕉树之上。沿元龙阁对面的小路拾阶而上，如同所有的旅游热点一样，路边挤满了销售旅游商品的摊子。两转三折，抬头看见一座灰瓦白墙的门楼，高悬匾额"艾思奇纪念馆"。院内树立着一尊铜像，下刻："艾思奇，1910.3—1966.3。"这是一栋非常有特色的中西合璧建筑，既保留了传统四合院的基本结构，又改善了采光、排水。院内还点缀着西式阳台。四合院的大门和院门并不在一条直线上，斜开宅门必定有讲究风水的奥妙。院内建筑结构布局合理严谨，楼上住人，楼下会客及日常活动，有回廊相连。砖雕精美，繁花幽香，绿藤蔓墙。

迎门是毛泽东的评语"学者、战士、真诚的人"。毛泽东曾说艾思奇是"党在理论战线上的忠诚战士"，"不是天下第一个好人，也是第二个好人"。在中共党史上能够有这些评语的人屈指可数。

艾思奇原名李生萱，据考证是蒙古族人，其祖先没准当年随忽必烈大军南下而来。不过，数代之后，与当地人融合，属于哪个民族已经不重要了。艾思奇是他的笔名，就像鲁迅一样，久而久之，人们只知道鲁迅而不知道周树人。艾思奇的父亲李曰垓早年毕业于京师大学堂，也就是如今的北京大学，被章太炎称为"天南一支笔"。不仅文采出众，还出任过蔡锷护国军的第一军秘书长，文武双全。

艾思奇出生于1910年，2岁时随家长离乡外出。这栋故居修建于1919年。也就是说，这栋房子是在艾思奇出生之后才修的。据记载，艾思奇在10岁时回过一次故乡。他回家之时这栋房子刚刚落成不久。也许正是家乡新房落成，他才回来看了一眼。艾思奇少年时期远赴日本留学，18岁时归国，在上海当编辑、写文章。1938年艾思奇投奔延安，在马列学院担任哲学教员。后来长期在中央党校任职，先后在杨献珍、陈伯达、林枫手下担任副校长。

在1957年的反右运动中，搞理论研究的人首当其冲，艾思奇在1958年被打成中右，下放河南，好不容易才回到北京，战战兢兢，惊魂未定。1965年12月21日，毛泽东把陈伯达、胡绳、艾思奇、关锋、田家英等五人叫到杭州，大谈姚文元的文章《评新编历史剧〈海瑞罢官〉》，从早晨 9 点一直谈到 12 点。毛泽东说，"海瑞罢官"的要害是罢官，矛头直指彭德怀、刘少奇。这是毛泽东准备发动"文革"的一次重要会议。担任记录的是艾思奇和关锋。不知道在记录时，艾思奇的手是不是在发抖。1966 年，"文革"风起云涌，再度把政治理论研究人员推到风口浪尖上。中央党校被撤销、解散，党校的教员几乎全部被游街、批斗、打倒，赶到乡下去接受"再教育"。

此时的艾思奇面前只有两种选择：或者是和杨献珍、孙冶方、田家英、顾准等人一起被打成反革命，或者是跟着陈伯达投靠"四人帮"。其实，即使卖身投靠，艾思奇再狠也狠不过戚本禹、姚文元，未必能够符合上峰的胃口。跟着陈伯达走，日子并不好过。陈伯达在名义上当了"中央文革小组"的组长，实际上窝囊透顶，处处受气，最后还是逃不掉被打倒、坐牢、身败名裂的命运。显而易见，艾思奇无论怎样选择都是死路一条。可是，从延安出来的秀才们唯独艾思奇能够得到一个光荣的结局，其理由只有三个字：死得好！

1966 年 3 月，艾思奇心肌梗死，驾鹤西去，逃出了是非漩涡。在中央党校礼堂开了艾思奇的追悼会，毛泽东送了花圈，倍极哀荣。这个花圈送得有点蹊跷。比艾思奇资格更老、功劳更高的元勋也未必得到这等礼遇。掐指一算，只能说他死在点子上了。就在 2 月份，彭真等人搞了个有关"文化大革命"的"二月提纲"，毛泽东阅后大怒，决定另起炉灶，命江青南下上海，找张春桥、姚文元密谋发难。随后，戚本禹、姚文元连续发表了批判"海瑞罢官"等文章，气势汹汹，指桑骂槐，扬言要"横扫一切牛鬼蛇神"。他们第一批整肃的对象就是那些理论权威。参与起草"二月提纲"的人除康生倒戈之外，全部被打成反革命修正主义分子。1966年5月16日公布了"文化大革命"的十六条，中国历史进入了一个最黑暗的时期。从艾思奇的人品来看，卖身投靠的可能性极小，被打倒的可能性极高。

"黑云压城城欲摧"，在毛泽东和刘少奇、邓小平摊牌前夕艾思奇死了。毛泽东为了稳住对手，给艾思奇送了个花圈。倘若艾思奇晚死三个月，别说花圈、追悼会，啥也没有。等待他的必定是残酷斗争，无情打击。至于说腾冲这栋建筑，肯定被定性为地主、资本家、反革命修正主义分子的财产，没收、充公。一旦被斗倒斗臭，哪里还有什么"故居"可言？

在艾思奇故居的陈列室中，我没有发现他回到故乡的任何照片或记录。事实上，故居非但不是艾思奇的骄傲，还是他的一块心病。在政治斗争中，出身不好很容易成为挨整的把柄。在土改中，地富出身的干部都接到警告，不许回故乡。艾思奇家有这么大的宅子，家庭成分肯定是大地主。阶级斗争狂潮涌起，艾思奇几度处于被镇压的边缘，哪里还有胆子回老家？事实上，新中国成立后艾思奇从来没有回过腾冲。如果艾思奇"不识时务"，这里还会是他的纪念馆吗？

和艾思奇相类似的还有一个人，俄国十月革命的元勋，伏龙芝。他出生于吉尔吉斯的首都比什凯克。父亲是个穷苦的木匠。伏龙芝在沙皇军队中服役，参加了托洛茨基领导的彼得堡十月革命，成为红军的主要将领。在反击邓尼金、高尔察克的战斗中展现了杰出的军事天才，保卫了新生的苏维埃政权。列宁派伏龙芝带兵平定了中亚，将吉尔吉斯、乌兹别克、土库曼、哈萨克、塔吉克等国并入了苏联疆土。1924

年伏龙芝病故，举国哀悼，列宁给予伏龙芝很高的评价，苏联的最高军事学院被命名为伏龙芝军事学院。比什凯克被改名为伏龙芝。在伏龙芝死后不久，列宁病故。斯大林上台，清洗、镇压了托洛茨基等人。假若伏龙芝没死，肯定和他的同事们一起被斯大林枪毙了。

在艾思奇纪念馆的留言簿上，我写道：人生最难死得好！
麻烦在于，生死由命，由不得自己。

腾冲还有一个李根源故居。李根源先生是辛亥革命元老，曾任北洋政府农商总长兼国务总理。在腾冲陷落，抗战最危急的时候，老先生以63岁高龄，慷慨请缨，赶回家乡，发表了一封气壮山河的"告滇西父老书"，表示虽已老朽，却义不容辞地愿和家乡父老共赴国难，抗战到底。抗战胜利之后，李根源辞官归乡，"愿乐渔樵不做官"。他一生清廉，为后人所景仰。

腾冲还出了一个名人，却没有故居，他就是国民党的著名战将——李弥。许多人是从毛主席写的"敦促杜聿明将军投降书"中知道他的名字。

李弥出身贫苦，在滇军中从最底层的勤务兵做起。1922年随滇军来到广州，考入黄埔四期，和林彪同学。1926年在朱德领导的教导团任中尉排长。在八一南昌起义前，朱德作为教导团团长亲自做李弥的工作，可是李弥执意要追随他的校长，擅自脱离部队，跑到南京总司令部警卫团任连长。在江西"剿共"时，战场对面就是他的老同学林彪。1944年李弥担任第八军少将副军长，亲自指挥了松山战役，功勋卓著。在淮海战役时，李弥担任国军13兵团司令。他的部队和邱清泉、孙元良兵团一起在淮海战场上被解放军全歼。杜聿明被俘,邱清泉被击毙,唯独李弥只身逃走,可见其机警狡猾。后来,李弥重组部队,一直撤退到云南老家,最后把这支部队带到缅甸。从个人军事才能和毅力而言,李弥确实有过人之处,可是败军之将,不足言勇。无论是在腾冲还是台北都找不到李弥故居。

艾思奇和李弥都姓李,一文一武,不仅是老乡,年龄也相仿。李弥出生于1902年,比艾思奇大8岁。如果按照成分而论,艾思奇出身于官僚、地主家庭,可是他却成为著名的无产阶级哲学家。李弥出身于无产阶级,却成为蒋介石的干将。出身论是靠不住的。

文星城头鬼唱歌

漫步腾冲,高楼耸立,街道宽阔,路旁三角梅盛开,紫红的花朵在绿茵丛中格外娇艳。街心花园中有座巨大的塑像,状若高山。在山体上雕刻了发生在腾冲的重大历史事件。顶峰是位端庄秀丽的女性。腾冲人把高耸入云的高黎贡山比作母亲。

腾冲北门叫文星门,在夕阳斜照中显得有几分苍凉。城门前一组铜像,马帮即将远行,踏上千里茶马古道。

城内是古色古香的文星街,两旁大多是玉器商店,出售的玉器大同小异,且不知有几家商店能在竞争中幸存下来。朋友说,这条街是重建的。当年的腾冲城墙厚达6米,高近8米。在冷兵器时代可谓固若金汤。可是,在近代战争中,城墙再厚也靠不住了。日本军队在1942年占领腾冲,依托城墙建筑了坚固的防御工事。在1944年腾冲战役中美军飞机投下几百吨炸弹，把城墙夷为平地，整个腾冲城毁于战火。如今所见之城墙、城楼都是近年来在原址上复原的。

漫步于腾冲老城，从高黎贡山吹来阵阵清风，似乎还听见石板路上商旅马帮的蹄声。四周一片平和安详。有谁能想到这里经历过血与火的洗礼，有多少无畏男儿就倒在脚下的这片土地上。

1938年日寇大举侵华，国土沦丧，形势危急。国民政府退守西南，八路军、新四军深入敌后，开展游击战。蒋介石提出以空间换取时间，坚持抗战到底。毛泽东提出"持久战"。英雄所见略同。虽然中国军队装备落后，却凭着爱国热情，顽强抵抗，绝不低头。很清楚，由于日本资源短缺，只要中国人不投降，拖下去，日本必输无疑。

在太平洋战争爆发之后，美国通过滇缅公路送来一些武器给养，帮助中国抗战。1942年，日本人入侵缅甸，意欲切断中国军队的外部援助，逼中国投降。日军采用穿插战术，迂回缅北。原来一直被当作大后方的云南转眼之间变成了抗战的最前线。日军先锋部队是56师团。这支部队是日本的王牌军，以本州的造船工人为主体，号称"本州兵团"。史料记载，这支部队由坦克、装甲车、炮队、汽车、摩托车和步兵团组成，以擅长山地战和丛林战著称。有文化，守纪律，斗志顽强，参加过九一八事变和南京大屠杀，在1942年马来半岛作战中率先攻占吉隆坡，血债累累。56师团以超凡的勇气，在没有后方支援的情况下，纵深1500公里，长途奔袭，在1942年4月28日攻占了腊戌，截断了英缅大军的后路，并且于5月2日越过国境攻陷畹町，在4天内前进300公里，逼近滇西通往内地的咽喉要地——惠通桥。幸亏国军在5月

4日炸断惠通桥，阻挡了日军快速装甲部队。日军一个大队乘橡皮艇强渡到东岸，形势非常危急。宋希濂的第11集团军星夜赶到保山，歼灭了已经过江的日军，拼死遏制了日军的攻势。

1942年5月10日，腾冲陷落。日军在腾冲设立滇缅战区司令部，并在怒江西岸腊猛附近的松山构筑工事。国军和日军形成隔怒江对峙的态势。

两年之后，中国军队开始反攻。1944年5月11日，远征军强渡怒江，揭开了抗日战争新的一幕。腾冲战役是抗日战争的一个重要的转折点。在腾冲战役之前，中国军队几乎打一仗败一仗，且战且退，损失惨重。即使取得局部胜利，最终还是以中国吃亏告终。例如，平型关战役伏击消灭了日军的一支辎重队，随后日军在中条山战役中报复性地大败国军。台儿庄战役消灭万余日军，随后日寇疯狂反扑，江苏、安徽、河南、湖北大片国土沦丧，国军损失十倍于日本。百团大战破坏交通线，扒掉铁轨，日寇丧心病狂，扫荡根据地，杀光、烧光、抢光，中原民众生灵涂炭。三守长沙，反复拉锯，最后还是被日寇占领了长沙、衡阳，打通了南北要道。每一战役结束后，日本人都大吹大擂，声称皇军所向无敌。侵略气焰更为嚣张。

第二次世界大战，日本无条件投降，他们记住的是在太平洋战争中损兵折将，还有广岛、长崎的两颗原子弹。日本人吃了美军大亏，反而崇美。为什么日本人对中国军队不服气？原因之一是他们忘记了腾冲战役。在战争中，伤其十指不如断其一指。无论古今中外，倘若不能成建制地消灭对方的主力兵团，就谈不到最终的胜利。腾冲战役的伟大意义就在于这是第一次成建制地消灭了日军的王牌部队；第一次解放了被侵占的县城；第一次乘胜前进，打得日本鬼子只有招架之功而没有还手之力。腾冲战役极大地动摇了日军的士气，鼓舞了国人的斗志。从此，抗日战场上攻守易位，中国军队开始全面反攻。

腾冲守敌为日军王牌军56师团的148联队，总计7000人，另有113联队1200名日军坚守松山。5月19日，霍揆彰指挥国军第20集团军主攻腾冲。宋希濂指挥第11集团军主攻松山。

在攻打腾冲战斗中，日军据险坚守，久攻不下。6月28日，美军20架重型轰炸机将腾冲城内主要建筑物全部炸毁。8月13日，在轰炸中击毙日军联队长藏重康美大佐。

8月18日，远征军从三面杀入腾冲，展开巷战。

松山之役打得非常惨烈，在方圆不到10平方公里的土地上中国军队投入两个军，五个步兵师，总计6万人，火炮200门，双方兵力50∶1。由于日军占有极为有利的地形和坚固的工事，国军进攻伤亡惨重。8月20日，八军副军长李弥亲自上阵指挥，挖地道至松山主峰之下，放置近三吨炸药，在一声巨响中肃清千余残敌。9月7日，松山战役结束。中国军人阵亡8000余人，伤者逾万。

9月13日，腾冲前线总攻，全歼日军6000多人。腾冲作战前后130天。牺牲将官2人，校官19人，尉官481人，官兵伤亡21000人，美军顾问阵亡7名。

尽管中方的伤亡远远高于日本，但是，对于日本军国主义者而言，转瞬之间，一个号称天下无敌的王牌军全军覆灭，只逃出来24个官兵，使得日本无论如何都没有办法来掩盖其败绩。吹得越凶，跌得越惨。没有腾冲和松山这样的硬仗就不足以打掉日军的气势。

国殇墓园，浩然正气

国殇墓园位于腾冲市区叠水河景区附近。我和同伴们崇敬地走上 31 米高的团坡，将鲜花敬献于 20 集团军光复腾冲纪念碑前。在高坡四周密密麻麻、整齐规范地排列着烈士的墓碑。纪念碑正面为李根源所书"民族英雄"。坡前有于右任先生题词"天地正气"。

在国殇墓园的中心是忠烈祠。高悬蒋介石所题"河岳英灵"。两侧对联为：

壮志竟克酬，名在旂常，功在华夏。
英灵终不泯，下为河岳，上为日星。

如今，墓园已经被列为国家级重点文物保护单位，近年来不断拨款重修。可是，在 40 年前，这里却遭到严重破坏，墓碑被砸，忠烈祠被毁。那些人一看到青天白日徽章就觉得扎眼。岂不知，当年八路军、新四军头上戴的就是这个青天白日徽。无数英烈前仆后继，流血牺牲才赶走了日本侵略者。

任意歪曲历史是要遭报应的。

斯大林掌权之后杀尽了十月革命的功臣，可是，他最大的困难就是没有办法改写历史。翻阅一下斯大林时代编撰的《简明联共党史》，十月革命好像是从天上掉下来的。列宁从芬兰潜回彼得堡，在装甲车上振臂一呼，革命就成功了。十月革命的元勋一个都没有提及。斯大林篡改历史，让后人寒心。1991年，出乎所有人的意料，苏共轰然垮台。号称拥有几百万党员、列宁亲手缔造的第一个无产阶级政党，顷刻之间灰飞烟灭。几乎没有人站出来维护党。他们连自己都不尊重，还值得别人尊重吗？凡自轻者方被人轻。不尊重自己的人断然得不到别人的尊重。否定历史就是否定自己。

每当日本首相去参拜靖国神社，国内许多人就气愤填膺，骂不绝口。为什么在第二次世界大战之后纽伦堡法庭严厉制裁德国法西斯，而东京法庭对日本战犯就如此温情照顾？据日本官方统计，在第二次世界大战中日军阵亡237万，平民死亡70万。中国在抗战中死亡人数超过3000万，是日本死亡人数的10倍。日本的侵略罪行给中国人民带来深重的苦难，可是远东国际法庭只判处7名战犯死刑，18人监禁。天下还有比这更不公道的吗？为什么会出现这种结局？原因很多，别人家的事情姑且不论，先检查、反省一下自己。在战后，国共双方全力准备内战，兄弟相争，哪里还顾得上外争国格，讨回公道？错过了那个时机，如今后悔也太迟了。

中国人和犹太人都以精明著称于世。善于讨价还价，也就是善于折中。不过，犹太人有一个长处，在惩罚战犯问题上决不折中，绝不让步。不论屠杀犹太人的罪犯逃到天涯海角，不论逃亡多久，一定要缉拿归案。犹太人的这种精神得到全世界正义之士的尊重。尽管犹太人人数不多，散布世界各地，但是绝对没有人敢小看犹太人。在抗战胜利之后，日本军队在中国领土上犯下的罪行没有得到清算，稀里糊涂地不了了之。中国人自己没有把自己的生命当回事，难怪要被别人看不起。

捣毁国殇墓园很容易，可是今后再遇到敌寇入侵，还有人精忠报国吗？倘若不清除愚昧、狭隘、偏激、健忘思想，想自立于世界民族之林，谈何易事？近年来中国经济腾飞，取得了伟大的成绩，举世瞩目。在精神建设上也要相应跟上。要提倡正义，培养忠于国家、舍生取义的浩然正气。首先就要尊重历史，景仰为国家献身的英烈。

从各种资料得知，不仅抗战英烈墓地在疯狂岁月中惨遭破坏，那些抗战的老兵也被当作国民党余孽备受迫害。据说目前尚存有限的抗战老兵得到了政府的关照，给予离休待遇。幸甚、幸甚，如果再晚几年，就是想表达一下后人的景仰之情，恐怕也办不到了。

决不能宽恕汉奸

在国殇墓园有块石碑，刻着当年腾冲县长张问德的《答石田书》。

日寇侵占腾冲之后，县长张问德带领民众避入高黎贡山，留给日寇一座空城。日寇托人带信给张问德，明说洽谈民生问题，实质就是招降。张问德作书回答，义正词严，历数日寇罪行，断然拒绝诱降。他指出"日寇终有一日屈服于余及腾冲人民面前"。他的信被《中央日报》《大公报》纷纷转载，称他是骨气最硬的沦陷区县长。

在腾冲不乏曾经留学日本，懂得日语的人，其中也有一些软骨头。在日本人软硬兼施之下，钟镜秋、李子盛、杨吉品等人分别担任伪县长、工商会长和维新社长等职。腾冲光复之后，大小汉奸们惶恐不可终日，他们四处活动企图逃脱惩罚。他们的理由无非是为了维持社会，照顾百姓，不得不曲线救国。张问德拍案而起:"钟镜秋、李子盛可以不杀,还有什么民族尊严?都可以苟且偷安,俯首敌人铁蹄之下卖国求荣了!"在他及广大民众的坚持下,大小汉奸纷纷被枪毙伏法。镇压汉奸之后,张问德毅然辞职。

抗战胜利后,许多汉奸摇身一变,带枪投靠,居然能够得到赦免。绝大部分汉奸都投奔了"中央"。有些"满洲国"的伪军投奔了刚刚出关的共产党。过不久,又纷纷叛变,投靠了正牌的"中央军"。镇压汉奸只不过是走个过场。直到今天,还有一些堕落文人居然写文章为汪精卫、周作人等汉奸翻案。倘若如此,世上还有正义吗?还有民族尊严吗?纵有千般理由、万般理由,为人在世总有不可逾越的底线。干什么都行,就是不能当汉奸。中国人就要有这样的骨气,看见汉奸就骂,在道义上骂尽杀绝一切汉奸。如果不能做到这一点,就难免被人踩在脚下。

亡羊补牢,为时未晚。与其徒劳无益地喊空口号,还不如踏踏实实地抓紧对下一代的教育。绝对不允许那些否定自己历史的荒唐举动再度发生。中国人要站起来,就必须正视历史,景仰先烈,表彰正气,爱国爱民。

新时代的"战争"

国殇墓园有面石墙,生动地雕刻了腾冲抗战的故事。望着墙上以血肉之躯和鬼子拼搏的勇士,我想到一个问题:侵略者会不会卷土重来?

腾冲城头的硝烟早已散去,可是,迄今为止,日本没有支付一分钱赔款,日本教科书一再篡改历史,对侵略罪行死不认账，右翼军国主义气焰嚣张，妄图攫取钓鱼岛，日本首相接连参拜靖国神社，日本法院拒绝受害慰安妇的赔偿要求，等等。日本的行径严重地伤害了中国、韩国和其他亚洲国家的感情。只要日本欠账没有清算，就别想改善邻居关系。

十几年前，中国人尚未修复抗日烈士陵园，一群日本人来到云南。他们申请去腾冲、松山祭奠未获批准，跪地叩头大哭。又过了几年，几个日本人终于踏上松山和腾冲，拜祭之后带走了一把红土。他们奇怪，明明是中国军队打赢了，为什么在松山和腾冲却没有胜利纪念碑？日军王牌56师团在这里全军覆没，确实让日本人心痛。对于日军56师团的普通军官和士兵来说，他们执行命令，殒命疆场，说到底也是战争的受害者。

值得思考的问题是，今后中日之间会不会兵戎相见，再打一仗？

除了政治、文化等各种因素之外，战争就是国力的较量。用经济学的术语来说就是要比拼综合国力。决定战争胜负的不是哪一方更富，而是哪一方能更长久地打下去。战后，人们从缴获的日本文件中发现了日本联合舰队司令三本五十六在太平洋战争之前给日本天皇的密折。他说，和美国交战，日本能打赢头三个月。由于美国的综合国力远远超过日本，如果不能乘胜讲和，日本是支持不下去的。事实证明了他的预见。违反经济规律是要受惩罚的。

上个世纪30年代，日本军界不断发出三个月征服中国的叫嚣。究其原因，双方的综合国力相差太远。

在某种意义上，现代化战争打的就是钢铁。没有钢铁怎么造机枪、大炮？在1931年日本发动九一八事变侵占东北的时候，日本的钢产量为 188.9 万吨，而中国的钢产量只有 1.5 万吨。相差 126 倍。在 1937 年日本发动卢沟桥事变的时候，日本钢产量为 580 万吨，而中国只有 55.6 万吨，两国相差 10.4 倍。

有了钢铁还必须加工制造各类机械和武器。在衡量加工能力的时候，发电量是一个重要的指标。从发电量来看，1931 年日本的发电量是中国的 9.2 倍。1937 年日本发电量是中国的 16.2 倍。

虽然还没有找到日本和中国在第二次世界大战期间生产常规武器的具体数字，但是不妨比较一下双方造船能力。日本在 1931 年，拥有船舶毛重 427.6 万吨，中国只有 33.2 万吨。日本的船舶吨位是中国的 13 倍。在 1937 年日本船舶总量 447.5 万吨，中国只有 60 万吨，相差 7.5 倍。日本能造出 72000 吨级的战列舰，拥有 24 艘航空母舰，可是，中国连 50 吨级的巡逻艇都造不出来。

在 1938 年以后，日军侵占了东南半个中国，几乎所有的中国工业基地都落入日本的手中。双方的综合国力相差更大。日本凭借着工业力量的绝对优势掌握了制空权和制海权。在打通滇缅公路之前，中国抗战所需的物资供给线几乎都被切断。这仗怎么打？由于日军拥有压倒性的战术优势，即使在淞沪会战中国民党几乎投入了全国的精锐部队，还是没有打过日军。面对着日军的机枪、大炮、军舰、飞机，中国军人拿着大刀向鬼子们的头上砍去，以血肉之躯报效祖国，惊天地、泣鬼神。由于双方综合国力相差太大，中国军队只能边战边退，以空间换取时间。

是中国军队无能吗？显然不是。在腾冲战役之后，日本军队终于尝到了火力不如人的苦头。美械装备的中国远征军用压倒性的火力在战场上把日军打得抬不起头来。仅缅甸战役就消灭了30万日军精锐。毫无疑问，如果战争继续下去，挨揍的就是日军。唯武器论固然不对，却绝对不能忽视武器在战争中的作用。

时过境迁，抗战胜利已经70年了。普通观点认为，现代大规模战争已不可能爆发，但假设中日要再度交手的话，首先要看一下双方的国家综合实力。诚然，日本在高科技上仍然占有明显的优势，可是在综合国力上已经远远不如中国。

了解真相，最好的办法就是摆事实、讲道理。统计数据比任何狡辩更有力。三十年河东，三十年河西，世界早已发生了翻天覆地的变化，可是某些日本人还捧着老皇历不放。因此，需要给他们算笔账，朝日本右翼极端分子热昏的脑瓜泼上一盆凉水。

1996年，中国粗钢产量10123万吨，超过了钢产量不断下滑的日本的9880万吨。2013年中国粗钢产量7.79亿吨，日本1.1亿吨，中国粗钢产量比日本高7.4倍。

在1982年中国水泥产量超过了日本。2013年中国水泥产量22.1亿吨，日本水泥产量5473万吨，中国的水泥产量是日本的40.4倍。

在1982年，中国原铝产量超过了日本，2013年中国原铝产量2205万吨，日本3.3万吨。中国的原铝产量是日本的668倍。

中国的发电量在1997年和日本差不多，可是在2009年中国的发电量是日本的3.6倍。

人尽皆知，中国的经济规模已经超过了日本。如果按照汇率法计算，中国在 2008 年超过日本，如果按照购买力平价法计算，中国在 2001 年就超过了日本。如果按照调整后的 GDP 计算，中国在 1998 年就超过了日本。在不同的服务业比重的假设下，在 2014 年，以购买力平价法估算的中国 GDP 规模是日本的 2.17—3.28 倍。中国和日本的综合国力的差距越来越大。形势正在朝着有利于中国的方向发展。时间在中国一边。从综合国力来讲，只要中国持续高速增长，中日发生战争的可能性越来越小。想重演九一八事变，连门儿都没有。

许多历史旧账，该怎么算？目前还找不到一个比较好的办法。只能搁置起来，以后再说。只要不松口，等中国强大到一定程度，水到渠成，一定能够讨还公道。

离开腾冲的时候，我频频回顾。是啊，这块土地上沉积着太多的故事和感慨！先烈们和日寇浴血奋战，抛头颅、洒热血，他们并没有想到身后会不会得到别人的尊重。他们为的是民族的生存和尊严，为的是天地之间的正义。

高黎贡山，郁郁葱葱，高处是松，低处是柳，而英烈们早已化作了祖国壮丽的山河。

> 天崩地裂火山红，
> 滇西抗日屠苍龙。
> 壮士抛颅山无头，
> 碧血沃土热泉涌。
> 立碑毁碑意如何，
> 高黎贡山柳与松。

卫国本分男儿事，

千古正气在腾冲。

彩云之南，景色各有千秋。如果各拿一个词来概括，丽江是梦幻，大理是柔情，腾冲呢？正气！天地正气，让人肃然起敬。

2011年7月5日

面壁思过的张献忠

——文昌宫记行

文昌君是谁?

2010年7月17日,在绵阳富乐山宾馆讲完课之后,朋友说,饭后出发,今晚住大庙。我似懂非懂,以为大庙不过是一个地名,跟着大家就上路了。

沿108国道北上,过梓潼县城不远,在一段上坡路的右侧看见一座飞檐斗阁、红墙灰瓦的古建筑。

门前石碑,"全国重点文物保护单位:七曲山大庙"。

横匾高悬,大书两个金字——"帝乡",好大口气!

不过,我却怎么也想不起来,哪朝皇帝出自于梓潼。正在疑惑,只听得一阵鞭炮声,在院墙内升起一股硝烟。还没来得及询问缘由,紧接着又是一阵鞭炮、一股硝烟。朋友笑道:"高考刚刚发榜,这几天都是来还愿的,过几天还要热闹。要知道,这里可是文曲星的祖庭啊!"

弄了半天,此帝非人间的皇帝,却比皇帝还牛!文昌帝君的老家,当然可以称"帝乡"。只要稍通文墨的读书人都知道文曲星:天上的教育部长,主管考试。《儒林外史》中的范进一旦中举立刻被当作文曲星下界,身价暴涨。四大菩萨和弥勒佛都有各自的祖庭,文曲星当然也该有。

大庙门前的布局极为奇特。跨出门槛就是公路,西高东低。几乎可以肯定,先有庙,后修路,否则,绝不会在庙前连插根旗杆、放个石狮子的空地都没有。看起来,近代修路的工程师缺乏文物保护意识。假若多绕点路,就有可能保留下大庙的历史原貌。

大庙南北纵深有限。正殿、桂香殿、天尊殿,沿着台阶步步升高,紧凑得让人感到几分压抑。由于大庙背后就是郁郁葱葱的青山,逼得其他殿堂只好在浓郁的柏树荫中左一间,右一殿,依山傍势,向两侧发展。显然,初期的文昌庙绝无今日的规模,否则,怎么也得找块比较开阔的地方,将中轴线拉长一些。

有关文昌君最权威的记载见于《明史》的《礼志》,"梓潼帝君者,记云:神姓张,名亚子,居蜀七曲山,仕晋战殁,人为立庙"。据考证,张亚子,羌族,阵亡于东晋宁康二年(374年)。当地人感念其忠勇,设祠纪念,久而久之,成为梓潼地方的守护神。无论天南地北,地方性的保护神很多,可是,很少有哪个神能够像张亚子这样在死后飞黄腾达。

大约张亚子阵亡五百年后,公元755年,渔阳鼙鼓动地来,安禄山杀进长安,唐玄宗仓皇逃难,入蜀途经七曲山,追封张亚子为左丞相。

公元875年,末代帝王唐僖宗被黄巢撵出长安。逃跑路线和120年前他的先祖一样,沿川陕大道入蜀。过七曲山时,唐僖宗加封张亚子为济顺王，并把自己的佩剑挂在大庙之上。他希望张亚子作为梓潼地方的神灵能在危急之中帮他一把。

宋朝的道士把张亚子拉进了道教神仙谱。宋真宗（998—1022）崇信道教，封张亚子为"英显武烈王"。

宋光宗（1190—1194）加封张亚子为"忠文仁武孝德圣烈王"。

宋理宗（1225—1265）再加封为"神文圣武孝德忠仁王"，在圣旨中明确授予张亚子主宰文运科举的职能。人们不禁奇怪，宋理宗是不是吃错了药，乱点鸳鸯谱，任命一个羌族武将担任教育部长？且不说老子、孔子、孟子等先贤圣人，就是孔夫子门徒三千，怎么会找不到一个人来管教育？

仅仅50年后，元仁宗延祐三年（1316年）敕封张亚子为"辅元开化文昌司禄宏仁帝君"，世称文昌帝君。张亚子去世一千年后登上了帝君之位。和张亚子的经历类似的只有关羽。关公和张亚子几乎同时在宋朝被封为王。不过，关羽晋升帝位比张亚子晚了270年，直到明万历年间（1590年）关羽才被晋升为"协天护国忠义帝"。

明清年间，未见朝廷对张亚子有何封赠，不过，那已经不重要了。文昌君已经从一个梓潼地方的小神变成了横跨道教、佛教和儒家三界的神灵。

道教引经据典证明他就是原始天尊的弟子"大圣大慈九天开化梓潼帝君"，送给张亚子的圣号长达254个字。近来，有人以背诵圆周率为荣，可以一口气背下来小数点后几十位。莫名其妙，背诵那么多位数有什么用？与其如此，还不如请他们来背诵文昌君的圣号，背诵的字数越多，文昌君越喜欢，没准一高兴就能保佑他考上大学。

佛教不甘示弱，说张亚子是"证果定慧王菩萨"，"释迦梵证如来位"。乖乖，成菩萨了。

儒家就别提了。天下读书人哪个不知道主管文运、功名、利禄的文昌帝君？

不管你信不信，张亚子，一个少数民族出身的武将在天上掌管全国文化教育，而且还是终身制，没有任期届满、鞠躬下台这一说。

外行怎么能够领导内行？主管文化教育，当然要有学问。绝对不能小看张亚子的学问，他著作等身，文昌经典系列大致可分为三类：

第一类是劝善，例如，《文昌帝君阴骘文》，强调对人和善，乐于助人。还有《省心录》《大洞仙经》等，教诲人们要和谐发展。

第二类是鼓励学习，例如，《梓潼化书》《清河内传》《救劫宝经》《劝学文》等，教导人们要尊师重道。在《文昌帝君功过律》中告诉人们要敬惜字纸。

第三类属于养生，例如，《治瘟宝箓》《紫阳宝箓》《化书》等，谈治病救人，养心强体。在七曲山还有一座瘟祖殿，供奉的瘟祖据说是张亚子的化身，收瘟摄毒，包治百病。

神仙世界就是人间的镜像。在1500年漫长的时间里，民间、皇家和文人共同造出了文昌帝君。

在最初的500年中，梓潼百姓请张亚子保护地方，建祠膜拜。民间造神，源远流长，反映了远古以来人们对自然的畏惧和对超自然力的崇拜。凡是自身解决不了的矛盾就交给神。就是没有神也要造出一个神来，在精神上才有所依托。

在第二个500年中，主要是皇家给张亚子封官晋爵，抬上帝王宝座。皇家造神的目的很明确，维护政权。特别是在君王落难之际特别希望得到超自然力的佑护。从唐僖宗、宋徽宗一直到困守南京的洪秀全，打了败仗，穷途末路，胡思乱想，请鬼兵来帮忙。反正无论封死人什么爵位都不必花费金钱，更不担心这些鬼神谋反篡位。

文昌帝君的第三个500年，主要是文人在造神。张亚子的著作接连问世，成为主管文化教育的最高权威。张亚子的著作是从哪里来的？古往今来，总有一些人抄袭剽窃，沽名钓誉，可是当年替文昌帝君操刀执笔的文人很是大公无私。他们使用"天启"、"降笔"等多种方式替文昌帝君著书立说，自己宁肯藏在幕后当无名英雄。写书的人心里明白，托梦一说可以骗骗别人却很难骗自己。明明是自己一个字一个字写出来的，跟文昌帝君何干？

神格之争

张亚子和关羽，一文一武，两位帝君，声名显赫。不过，和关羽不同，文昌帝君的神格曾经引发多次争议。关羽在历史上确有其人，武功卓绝，神勇异常。《三国志》有他传。经过罗贯中的《三国演义》渲染之后，家喻户晓。崇拜关公，就是崇拜忠义，从来没有人挑战关公武圣的地位。可是，历来文人相轻，叫读书人崇拜张亚子，难度不小。在隋唐之前，史书上根本找不到张亚子的记录。张亚子的著作多数属于道经，在儒家经典中极少露面。尽管他的著作数量很多，但是缺少著作年代，没有文献索引，内容杂乱，不成系统。

在明朝永乐年间，霍州学政曹端发难："梓潼主斯文，孔子更主何事？"

明孝宗的礼部尚书周洪谟说："梓潼显灵于蜀，庙食其地为宜。文昌六星与之无涉，宜敕罢免；其祠在天下学校者，俱令拆毁。"也就是说，礼部尚书认为文昌帝君的职守和礼教不合，不承认张亚子在学术界的地位，让他回梓潼去当地方神，别进学校的大门。

朝廷主管大臣已经把案子断得斩钉截铁，如果你是张亚子的辩护律师，该说些什么好？

天下还真有能人。有位翰林学士王鏊站出来反对，他说："文昌，先天之孔子；孔子，后天之文昌也。"如此辩护，玄之又玄，水平高，真高。让人无话可说。

清代康熙年间，理学家颜元指出："文昌帝君，司天下士子科名贵贱以欺弄文人，可谓妖矣。"此言一出，马上遭到一群文昌帝君信徒的驳斥，他们列举了文昌帝君的许多圣迹，证明文昌帝君有洗心、励志的功德。这些圣迹来无踪，去无影，如何检验考核？从康熙争论到雍正，众说纷纭，最终，朝廷礼部下令："文昌之神不见经传，诚为淫祀，行文禁止。"

按说，政府明令禁止，文昌宫理应拆毁，文昌经典理应销声匿迹，可是文昌文化野火烧不尽，春风吹又生，依然在民间流行。对于读书人来说，自隋朝开始的科举制度是他们进入上层社会的主要阶梯。按照惯例，考生自称是主考官的门生弟子。文昌帝君在元代（1316年）正式成为主管科举之神。元、明之后科举出身的士大夫都是文昌帝君的学生，怎么可以不拜老祖宗？读书人的梦想是考取功名，只要文昌帝君和科举联系在一起，他们就一定崇拜掌管着录取大权的文昌帝君。如果整个群体都在顶礼膜拜，即使有人不以为然也改变不了潮流。

到了乾隆年间，有位大学士朱珪刻写、编撰多种文昌经籍，直接奉献给皇上。乾隆下谕："文昌帝君主持文运"，"允宜列入祀典"。这场争论持续了几百年，最后，由乾隆皇帝拍板定案：文昌帝君作为主管文化教育的神灵列入朝廷"中祀"，仅次于祭祀天地社稷的"大祀"。从此，文昌宫越来越多，数量甚至超过了孔庙。

其实，拜孔子和拜文昌帝君并不矛盾。如果按照职能来区分，孔夫子是老师，张亚子是主管招生的教育局局长。如今，家长们最清楚，什么时候要给老师送礼，什么时候要拜访教育局局长。孔子和文昌帝君，哪个放在前头是检验学风的一个标准。

正是因为人间有需要，人们以张亚子为原型创造了文曲星。借神灵名义写文章，最好选择一位完全没有文章的神灵。否则，必须模仿他的文体、文风，弄不好就会穿帮。张亚子完全符合造神的条件。他是一个少数民族的武将，谁都不知道他生前是否写过文章。在民间造神过程中，无论是谁都可以自称梦见了文曲星，领取最新指示，颁布于世。佛教的经典多数是从外部翻译过来，道教先天不足，缺乏足够的经典和佛教抗衡。只要有人声称发现了文曲星的最新指示，马上照单全收。道教协会真的应该好好整理一下道经，取其精华去其糟粕。

天聋地哑与考试弊案

若要识别佛教庙宇中供奉的神灵，多少有些困难。大雄宝殿上端坐的是横三世还是竖三世，是卢舍那佛还是弥勒佛，一般人还真的分不清楚。可是，识别文昌帝君特别容易，因为他带的两个随从非常特别，左天聋，右地哑。天聋持玉玺盒，表示治政；地哑持铁如意，表示治兵。按理说，文昌帝君重用聋哑人，残疾人协会应当给予表彰。其实，文昌帝君此举出于工作需要，和优待残障人士并没有多大关联。文昌帝君主持科举考试，考卷必须保密，录取名单在没有公布之前，也要保密，自然不能录用多嘴多舌的人。用聋子、哑巴做随从，说明古代考试制度很重视公平、严谨。

考场作弊，由来已久。在北京雍和宫对面的国子监中保留了当年考场的模型。考生进入考场要搜身，严禁夹带任何小抄，严禁内外沟通。制度之严，远远超过当今考场。即便如此，还不时揭发出考场弊案。在清朝爆发顺治丁酉科，康熙辛卯科、咸丰戊午科三大考场弊案。主考官暗中卖题，内外勾结，营私舞弊。案发之后，不仅作弊者要杀头，连主管大学士、一品大员都要受到株连，被砍头、充军。

近年来，考场舞弊的报道层出不穷，利用手机、高科技来舞弊屡见不鲜。可是被揭发之后，可曾听说过枪毙了哪个教育局局长？别说杀头判刑,连撤职查办的官员都寥若晨星。如此法纪松懈，难怪学风腐败，无法无天。

神仙与凡人不同，他们的坐骑也非常奇特。文殊菩萨骑青狮，普贤菩萨骑白象，观音站在南海龙鱼背上。文昌帝君的坐骑叫白特神兽，远看是一匹白马，近看，马头、骡身、驴尾、牛蹄，四不像。白特可不简单，不仅行走如飞，还很有学问，懂得各派学说，也许是天天在文曲星身边，不学自通。最重要的是，白特不会说话，从不泄露考题。据说，它可以驮着文昌帝君从殿后的"风洞"轻易地往返长安。

我很好奇，探问风洞是怎么回事？导游小姑娘文支吾吾，说不清楚。

我教书所在的加拿大西安大略大学有座北美最大的风洞实验室。风洞有 30 多米长。如果要盖高层建筑或者要制造新型飞行器一定要先做风洞试验。用人工模拟出各种风流，用电脑记录在风压下的各种参数。香港的中银大厦等建筑就是在这个实验室做的风洞试验。我的同事们很以这个风洞实验室自豪。国内代表团来访时，我不知道领路参观了多少次。来到七曲山，我才知道，中国人早就有了风洞，而且这个风洞实验室的长度有好几百里，从梓潼一直到长安，绝对是世界第一。从七曲山进去，呼的一声，就到了长安。

魁星踢斗，独占鳌头

在阵阵鞭炮声中，我们参拜了文曲星大殿。文昌帝君正襟端坐，接受各方香火。香烟缭绕，庄严肃穆。人争一口气，佛争一炷香，文昌帝君面前香火如此兴旺，远胜于其他神祇。每年高考之前，许多家长和学生不远百里、千里，赶到大庙来烧香，求文昌帝君保佑。收到录取通知书之后，一定要来还愿，放上几挂鞭炮。为了防火，在文昌宫大门右侧用青砖围起个小院子，地面上堆积的鞭炮纸屑足有一尺厚。

另一殿中供奉关公。关羽是三国人士,张亚子生活在晋代,从今天的眼光来看,大略可以视为同时代人。两人在宋代先后封王,随后张亚子在元代封帝,关羽在明代也登上帝位。

关公殿侧有个小舞台,横幅上写着"七曲山大庙文昌洞经乐团"。可惜不是演奏的时候,无缘聆听。据说,云南丽江的纳西古乐和梓潼的洞经同出一源。

绕过洞经舞台,有走廊通往供奉魁星的百尺楼。走廊两侧挂满了一面面锦旗,甚为热闹。"感谢文昌帝君,有求必应,佑子成才","文曲高照","朱笔点英才",等等。落款不仅有信徒姓名,还注明考取的校名,有上海交通大学、西南财经大学等。我看了一圈,没有发现北京大学和清华大学。是否被盖在众多的锦旗后面,不得而知。看起来,文昌君有分工,他老人家主持全局,把招生的任务交给了魁星。

有人说魁星就是文曲星,也就是文昌帝君,恐怕不对。理由是:魁星生日为农历七月初七,文昌君生日为二月初三。此外,文昌君白面长髯,仪表堂堂,一看就是个读书人模样。可是魁星长得尖嘴猴腮,青面獠牙,蓝睛赤发,奇丑无比。

魁星右手高举朱笔,点中谁,谁就榜上有名,没点到的,名落孙山。他左手执"富贵花",插在谁头上,名利双收。从正面看,好像魁星只有一条腿,实际上魁星采金鸡独立式,右脚踩在鳌头上,叫作独立鳌头,左脚后翘,叫作魁星踢斗。汉字讲究象形,魁字不就是一个鬼,伸出腿来踢个斗吗?

导游小姐说:"看仔细了,在魁星右膝盖上有个方孔金钱。"

我问:"这有什么用?"

导游小姐撇了下嘴,不屑回答。

同行者说:"那还不明白,搂上魁星大腿,可就要发大财了。"

难怪在魁星座前,香火特别兴旺。浑身上下有这么多的好处,魁星再丑也有人爱。

有人问:"如果给魁星烧香有用,大家都来进香,状元只有一个,叫魁星如何录取?"

"谁烧得多,就取谁。"同伴们打趣说。

"那还考个什么?公平吗?"有人抱怨。

有人傻乎乎地问:"假若给魁星烧了香,却没考上,怎么办?会不会向魁星索赔?"

"合同呐?拿合同来,收一赔十。就怕魁星懒得和你签合同。"

众人大笑。抬头看看,魁星好像也笑了。

科举考试从隋朝一直延续到光绪年间。废除科举之后开始推行现代考试制度。考试给予所有人一个平等的机会。只有公平竞争才能挑选人才。"朝为田舍郎,暮登天子堂。"哪怕是在穷乡僻壤,只要参加考试,就有机会脱颖而出。即使考试制度有一万种弊病,却万万不能没有考试。

在"文化大革命"中破天荒地废除了考试,异想天开地推行工农兵推荐上大学。据说考试是资产阶级统治学校的工具,结果,开后门成风,鱼龙混杂,怨声载道,乱成一团。如果各级官员都变成魁星,说你行,你就行;说你不行,你就不行,没了章程,还不乱套了?

面壁思过的张献忠

据统计,全国至今还有文昌宫 300 座,在台湾就有 20 余处。梓潼大庙是文昌宫祖庭,自然地位崇高。和所有的文昌宫不同,在这里有一个面壁思过的张献忠。

明末农民大起义,陕西定边人张献忠和李自成一起参加高迎祥的义军。高迎祥战死后独立成军。和李自成分分合合,几度接近火拼。李自成兵强马壮,打下北京,推翻了明朝。张献忠自知斗不过李自成,带兵南下,转战进入四川。1644 年张献忠在成都建立大西国。他跑到梓潼,见大庙中的主神叫张亚子,很高兴,"你姓张,咱家也姓张,咱家与你联了宗吧!"张献忠尊张亚子为"始祖高皇帝"。把七曲山文昌宫认作家庙,称太庙,塑像于风洞楼。

仅仅两年之后,1646 年,清肃王豪格带兵平定四川,张献忠败亡。

明史记载:"献忠,黄面长身虎颔,人号黄虎,性狡谲,嗜杀。"钦定的明史和民间传说都认定张献忠杀人如麻。我查了一下,在明史"列传第一百九十七"中明明白白地记载着,张献忠入川之后"共杀男女六万万有奇"。张献忠屠杀数字被夸大得离谱了。万历年间(1578 年)蜀中人口只有 310 万。明末全国人口还不到一亿。在这里,"六万万"也许是"六十万"之误。明史由大学者张廷玉主编,康熙、乾隆皇帝都做过批示。怎么会犯这等低级的错误?

究竟张献忠有没有在四川大量屠杀平民百姓?

人们就这个问题争来争去,大致上有三派。

第一派是"无产阶级革命派"。凡是农民起义就是正确的。即使杀人也是革命的需要。张献忠是农民起义领袖,不可能屠杀百姓,即使杀了,那也是镇压阶级敌人。

第二派是狭隘的民族主义者。他们从嘉定三屠、扬州十日推断,若有屠杀必定是清朝鞑子干的。张献忠压根儿就没杀。都是清朝统治者造谣、嫁祸于人。这种说法在逻辑上有问题。如果是清兵干的,为什么嘉定、扬州有记录,唯独四川没有?

第三派认为张献忠屠蜀确有其事,不过数量没有那么多。不管杀多杀少,屠杀百姓总是不对的。

从史料来看,四川确实在那个时期人口骤减,以至于以后要动员移民,湖广填四川。

看起来张献忠在四川确实大开杀戒。姚雪垠的小说《李自成》把张献忠写成仅次于李自成的二号革命英雄。连姚雪垠也说"城中男女老少和投降兵丁,除杀死的以外,大约还有两三万人被砍断右手。刑场上的断手堆积如山,血流成河"。

究竟张献忠杀了多少人,说不清楚,具体数字并不重要。海牙国际法庭断然不会受理几百年前的案子。历代农民起义很多,但是枉杀无辜的并不多。唐末的黄巢、明末的张献忠等杀人如麻,臭名昭著,替他平反,没有任何意义。歌颂屠户,可能没有想到有朝一日屠刀会落在自己的脖子上。

也许张献忠大屠杀放过了梓潼,毕竟他的"家庙"在这里。倘若如此,当地百姓说不定对他有几分感激之情。从另一个角度来看,蜀中百姓还真的被张献忠杀怕了。张献忠死了,依然是凶神恶煞。供奉他的塑像,能够驱邪。拆掉他的塑像,说不定会招来什么大祸。谁都不敢碰。张献忠把这里当作供奉祖宗的"太庙",当地老百姓尽可能维持原状,只不过把横匾上"太庙"的太字挖掉一个点,从此叫作大庙。

就这样稀里糊涂地过了98年。1742年,来了一位绵州知州安洪德,他看见张献忠的塑像,怒不可遏,破口大骂:"这个猪狗不食的东西,有什么可怕的,砸了!"

1988年"全国第二次农民战争史学术讨论会"在绵阳、梓潼召开。人们讨论要不要恢复张献忠的塑像。按照无产阶级专政理论,既然是农民起义的领袖,那就是好人。亲不亲,阶级分。可是,张献忠屠川的史实又该如何解释?讨论来,讨论去,没有讨论出个结果。还是梓潼旅游部门的人聪明,张献忠是历史名人,和梓潼有关,不妨请他出来做个广告,扩大景区的影响。不过考虑到他错误的严重性,不适于正大光明地接受祭奠,安排在偏殿背后,叫他面壁思过。

来文昌宫的人可别忘了探望一下张献忠。绝无仅有,天下无双。

雷公庙、紫云斋

据说,梓潼七曲山最初是雷神庙。文曲星张亚子来了之后,雷公搬到山顶去了。

登顶,站在雷公庙前,极目远眺,南边是富饶的天府盆地,往北看,郁郁葱葱,群山巍峨,山间仿佛飘动着一根蜿蜒的腰带,那就是难于上青天的蜀道。

雷神尖嘴、圆眼、披发,背插双翼,形象凶恶。在多神文化中,民众并没有非常确定的选择。见神就烧香,见佛就磕头。可以不信,不能不敬。所以,许多人敬鬼神而远之。

就是心中不信也不说，省得惹麻烦。

雷神庙的茶水极好。在斜阳余晖中慢慢品来，别有一番情趣。

七曲山文化底蕴深厚，处处有典故传说。宋高宗在绍兴十年（1140年）下旨修建梓潼神庙，敕封庙额为灵应祠。夜宿七曲山庄的紫云斋。楼前有块石碑记载道："文昌灵应祠建在紫云岩，此屋正好建于紫云岩下，浓荫绿裹，紫气东来，云雾缭绕，到此犹入仙境一般。"

紫云斋外屋的书架上有本书，《中华文昌文化》，1996年在这里召开了一次文昌文化国家研讨会，此书乃会议论文集。中华文明五千载，博大精深。进入21世纪之后，各地纷纷设定了国家级、省级、市级的非物质文化遗产继承人。传承什么，如何传承下去成了一个问题。

捧卷阅读，不觉夜深。

2011年4月25日

官匪转换翠云廊
——翠云廊记行

"蜀道之难，难于上青天"，李白诗中的蜀道指的就是川陕大道。汉唐年间，国家的政治、经济中心在陕西长安。成都平原，天府之国，经济繁荣。川陕大道上官商往来络绎不绝。不过，山路崎岖，无人不叹蜀道难。

如今，蜀道变通途。108国道连通成都和西安，近年来又平行修了条广绵高速，用不上3个小时就可以从广元一路疾驰到绵阳。如果要办事，自然讲究效率，越快越好。如果来旅游，就不能只图快捷。倘若走高速公路，肯定会错过了两处重要的景点。一处是剑门关，另一处是翠云廊。

翠云廊是川陕大道的一部分，老百姓称之为皇柏大道。石板小道，弯弯曲曲，古柏参天，郁郁葱葱。在300里的蜀道上至今犹存古柏8000余株，仿佛一条墨绿色的翡翠走廊，为行人遮风挡雨。人行其中好似步入原始森林，即使在炎夏犹得凉风习习。

在翠云廊景区门前有块石碑，上面刻着康熙三年剑州知州乔钵的一首诗：

剑门路，

崎岖凹凸石头路，

两行古柏植何人，

三百里程十万树。

翠云廊，

苍烟护苔滑，

阴雨湿衣裳，

回柯垂叶凉风度，

无石不可眠，

处处堪留句，

龙蛇蜿蜒山缠亘，

传是当年李白夫，

奇人怪事教人妒，

休称蜀道难，

莫错剑门路。

步入翠云廊，形形色色的古柏，千姿百态。有七八个人才能合围的巨柏，有并立而生的夫妻柏，松柏同体的常青树，高耸挺立的剑阁柏……

近年来，我去过的地方不少。如果没有什么人文历史、经济哲学的感悟，玩过了就算了，哪里还会像记流水账一样，每玩个地方就记上一笔？虽说翠云廊有"三百里程十万树"的美称，说白了，主要就是树。在神州大地上有许多著名的古柏：北京太庙、河南洛阳刘秀坟、山西解州关帝庙……翠云廊的古柏虽好，却未必强似别处。可是，来过翠云廊之后，非写几句不可，因为这里的古柏见证了一段非常有趣的历史，对于制度经济学来说，这是一个难得的案例。

民国初年，天下大乱，军阀混战，盗匪蜂起，民不聊生。川陕大道上来往的客商成为一块肥肉。各路土匪肆无忌惮地拦路抢劫，杀人越货。不要说一般客商，就是带着十几个人的保镖卫队，土匪也敢下手。抢来抢去，川陕大道犹如虎穴狼窝，行人绝迹。土匪抢不到客商就抢另一股土匪，大鱼吃小鱼，小鱼吃虾米。最后在川陕大道上形成了五拨较大的土匪，各霸一段，谁也吃不了谁。由于川陕大道上没有了抢劫对象，什么都抢不到了，于是土匪们坐下来开会，设定了一整套规则：

第一，将川陕大道分为五段，分别设卡收费。只要不越界，土匪之间不再相互残杀。

第二，只要客商向土匪缴纳买路钱就不杀人、绑票。原来是一锤子买卖，劫财又要命。如今只要钱，不要命。

第三，土匪收费之后，在所管辖路段内保证客商的安全。不允许其他土匪打劫、掳掠。也就是说，不再重复收费。

第四，最有趣的是，土匪们居然计算出了一个合理的买路费。客商在川陕大道缴纳五次买路钱之后经商还能略有盈余。

假设一匹蜀锦在成都卖 100 元，运到西安可以卖 200 元，运费和其他交易成本是 50 元，经商的利润为 50 元。商人会很积极地在成都采购，运到西安出售。如果川陕大道上每股土匪索要 5 元买路钱，五股土匪合计收费 25 元，那么商人的利润只剩下 25 元，商人还能勉强经营。由于川陕大道上商人有如过江之鲫，每个商贩收 5 元，积少成多，土匪的收入也颇为可观。如果每股土匪非收 10 元不可，经商的利润等于零，商人们肯定不会再踏上川陕大道。物流中断之后,成都的织锦作坊有货卖不出,只好关门倒闭。土匪们只好守着一条渺无人迹的川陕大道喝西北风。

在公共财政学中有条拉弗曲线。当税率为零的时候,政府财税收入为零。如果税率高达100%,政府的财税收入也为零。因为政府将所有劳动成果都收走了,劳动者变成了奴隶,必然扼杀他们的生产积极性。由于生产衰退、停顿,政府收不到税。

税率和政府的财税收入之间呈现一条凸曲线。在中间的某个位置达到最高点。刚开始的时候,随着税率的升高,政府的财税收入逐步增加。但是,增加到一定程度之后,如果继续增加税率,必然损害劳动者的积极性,产出下降,政府得到的财税收入反而下降。从目前的情况来判断,中国企业和民众的税收负担太重。因此,税制改革的大方向应当是减税。降低税率未必导致政府财税收入减少,恰恰相反,降低税率之后刺激生产和消费,总产出增加了,很可能随带着增加政府的财税收入。

由此可见,官府收税如此,土匪收过路费也是这样,都有一个合理的数量区间,过犹不及。

嘿,绝了,在土匪达成协议之后,川陕大道通了。来往客商很快就适应了土匪的规则,"照章缴费",物流畅通,秩序井然。商人经商赚了钱,土匪无须杀人,也达到了发财的目的。各得所求,皆大欢喜。川陕大道的土匪当中一定有个具有财经天赋的人物。他居然能够纵横捭阖,促使土匪之间达成协议,建立制度,恢复了川陕大道的贸易。

不过,这里出现了一个非常重要的问题:在建立制度之后，土匪还是土匪吗？或者说，土匪是否变成了官家？

毫无疑问，通过制度创新，川陕大道的土匪变成了"官家"。尽管没有正式的文书，更没有政府的授权，但是土匪的抢劫变得有节制，有规则，可以预测。在土匪之间存在着合理的利益分配，每一股土匪都有了固定收入，具有可持续性。从长远来看，贸易恢复了，成都的作坊又开工了，杀人少了，各路土匪的效益增加了，社会达成一种新的均衡。

问题是土匪的规矩和官家的规矩有多大的区别呢？

吴思先生提出了血酬定律，其思路新颖，逻辑严谨，使得人们眼睛为之一亮。

在远古时期，人们为了生存而狩猎、采集果实。生存方式决定了人们必然以小家庭的形式分散居住。后来，人们学会了使用工具并不断改进工具，逐步提高劳动生产率，随之出现了劳动剩余。一旦出现了劳动剩余，事情就麻烦了。取得生活资料最简便的方法不是自身去狩猎、耕种，而是抢劫他人的劳动剩余。你能抢别人的，别人也能抢你的。杀来抢去，实践证明，人少的打不过人多的。即使几个家庭聚集居住在一起也挡不住外部势力的抢掠。于是家庭之间需要联合起来形成部落。因为争夺资源和财富需要较强的实力，于是不断地重组、整合、兼并，出现较大的部落以及部落联合体，最终出现了适合战争需要的军事集团以至于王国。暴力竞争是人们联合起来的基础。暴力竞争的结果达到暴力均衡，这就是历史上的王朝更替。

吴思认为，暴力均衡就像氧气一样。人们离不开氧气，却没有直接感觉到氧气的重要。只有失去了氧气才知道它的宝贵。同样，只有失去了暴力均衡之后，人们付出更惨痛的代价，才会寻求新的暴力均衡。民众需要政府保护人权和产权，于是产生了对军队、法院、警察、消防队等等的需求。政府机器是暴力均衡的产物，对外防止外族侵略，对内维持社会秩序。国家机器的成本必须由老百姓支付，各种税赋就相当于保护费。于是，法律规定纳税是居民法定的责任。西方谚语说："人生有两件事情是不可避免的，死亡和纳税。"

在太平岁月中，商人们往来于川陕大道，表面上看来无须付费，但是他们必须向官家缴纳各种苛捐杂税。官家手里有衙门、巡捕和军队，各种税收和捐赋就是官家征收的保护费。在动乱中，官家失灵了，土匪横行，交通阻绝，大家都活不下去。川陕大道上的土匪分段收取过路钱，商人把原来缴纳给政府的税费转手交给土匪，土匪替代政府提供安全保护，出现了一种新的暴力均衡。

为了维护暴力均衡必须有暴力集团。暴力集团这个名词没有褒义或贬义。暴力集团不参加任何生产，没有具体的产出，通过暴力来取得自身利益。任何社会都不能没有暴力集团。在排斥外来暴力的同时，暴力集团承担着维护利益分配格局的责任。没有暴力均衡的社会必然动乱不安，损失最大的是手无寸铁的老百姓。老百姓为了保障自身的人权和产权情愿支付可以承受的费用。在这个意义上官家和土匪都是暴力集团。事实上，有一个有组织的暴力集团要比没有章法的零散土匪好一些。讲规矩的土匪要比见人就杀的流寇好一些。再无能的政府也比完全没有政府强。

吴思先生提出了血酬的概念。血酬就是流血、卖命的报酬。劳动的报酬是工资；资本的报酬是利润；土地的报酬是地租；暴力的报酬就是血酬。

血酬定律有三点：第一，暴力可能带来报酬。第二，使用暴力肯定需要支付一定的成本。只有使用暴力得到的回报高于成本，人们才会使用暴力。也就是说，只有血酬大于成本才会产生暴力。第三，暴力不能创造财富，但是能够转移财富。

对于土匪来说，血酬就是拿命换来的报酬。拦路抢劫是有成本的。而且这个成本高低具有很强的不确定性。很难预测大路上过来的客商身上有多少钱。没准杀了人还没抢到钱，收益并不确定。在抢劫过程中，难免不遇到反抗。如果对方武艺高强，弄不好连自己的命都会搭进去。究竟抢还是不抢，在很多场合下就是一场赌博。押上去的赌注就是自己的生命。

显然，暴力抢劫成功率越高，抢到的钱越多，成本越低，血酬越高。如果血酬很高，必然遍地土匪。但是，一旦暴力抢劫成风，势必破坏社会秩序，使得生产、贸易无法进行，包括土匪在内，几乎所有的人都活不下去，自然会走上新的均衡。在一般情况下，会出来另外一拨人打天下，建立新的王朝，从而整顿社会秩序，降低抢劫率。新王朝建立之后都会大力剿匪，恢复、整顿社会秩序。新政权剿匪使得土匪抢劫成本上升，回报下降，血酬很低，在这种情况下，土匪数量急剧减少。在太平盛世，好好种田、经商就能活下去，犯不着当土匪。

在川陕大道上，拦路抢劫的土匪为了自己的生存居然创造出了一套管理办法。在各路土匪暴力平衡下出现了一个可行的制度安排。从制度经济学的角度来看，川陕大道的土匪执行的制度和官家的法律、法规在原理上并没有明显的区别：必须依靠暴力来维持秩序。使用暴力的成本由享受稳定环境的生产者负担。收费者维护秩序,提供稳定、相对安全的公共品。

对于官家来说,血酬就是依靠权力取得的报酬。在这里,血酬变成了"法酬"。官家依靠规章制度来掠夺。在表面上形式不同但是实质是一样的,暴力集团没有通过生产活动创造财富,而是使用暴力从生产者创造的财富中拿走一部分。

依据吴思的血酬定律推论,人群可以分为执政者、暴徒和生产者三个部分。暴徒包括各种土匪、强盗,人数虽然不多,但是对社会的影响很大。一般来讲,官家的抢劫率比较低,土匪的抢劫率较高,流寇的抢劫率几乎是百分之百。

生产者和暴徒之间存在着转换关系。天下太平则生产者多,暴徒少。天下大乱,生产者活不下去,逼上梁山。良民可以在很短的时间内变成暴徒。羊可能变成狼,狼也可能变成羊。暴徒可以欺负生产者,也可以反抗执政者。欺负老百姓的叫恶棍,反抗执政者的叫农民起义领袖。荒唐之处在于:杀一个人是罪犯,杀一万个人反而成了英雄。暴徒和执政者之间也可能出现转换。朱元璋最初是暴徒,打下江山就成了真龙天子,掉过头来镇压其他暴徒。

官家和土匪的主要区别在于时间长短。官家建立制度,靠各种禁令来维护秩序,靠各种税赋来供养既得利益集团并且运作国家机器,希望能够较长时间地执政。在官家集团内部必然建立等级森严的官僚体制,希望能够父传子,子传孙,一代一代传下去。不过,到了王朝末日山穷水尽的时候,也会穷凶极恶地掠夺百姓。这个时候官家和土匪也就没有多大区别了。

土匪朝不保夕,目光短浅,具有抢劫能力的时间长短不确定。但是，翠云廊的土匪为了尽量延长抢劫时间，设定了规矩。有了规矩，抢劫便有了节制。不杀人同样达到敛财的目的，远远超越了一般土匪的水平，和官家差不多了。土匪转身变成了官府。如果没有规矩，或者有规矩不执行，官府就变成了土匪，甚至连土匪都不如。

川陕大道上的土匪下场如何？水泊梁山的宋江还知道被朝廷招安，翠云廊的土匪既然能够制度创新，怎么就不知道"要想富，杀人放火受招安"？只要摇身一变，匪就变成了官。在民国初年，这样的例子举不胜举。东北著名的"胡子"张作霖不就是从土匪变成了民国"陆海军大元帅"？

最可怕的是流寇，砸锅卖铁，只干一回。张献忠进川，明知死期将至，绝望挣扎，干脆抢光杀光，玉石俱焚。

漫步翠云廊，无论达官贵人、土匪强盗都已经远去，唯独古柏苍苍，松涛阵阵。据说，这是蜀汉时期张飞叫属下兵丁种植的护路树。后人诗曰："桓侯翠柏雄千载，七曲旌屏百仞樯。"当地百姓把这些树叫"张飞柏"。

一千多年后，左宗棠出征西北，叫兵丁随处种柳，后人称"左公柳"。如果题写对联的话，"张飞柏"正好对上"左公柳"。

植树造林，荫庇后人，是积德行善、流芳百世的好事。翠云廊的柏树见证了千百年风云变幻，也告诉人们，制度建设比植树造林更为重要。

2011年4月24日

剑门天险不足凭
——剑门关记行

剑阁峥嵘而崔嵬

从连通川陕的108国道上远远看去,天边有座非常奇特、雄伟的大山。山峰形若利剑,刀削一样的峭壁在阳光下闪闪发光。峭壁之高少说也有几十米,横空出世,一字排开几十里,俨然一道城郭。朋友告诉我,这就是大剑山。顺着他手指看去,绝壁中间有一个缺口,那就是大名鼎鼎的剑门关。地方志记载:"大剑山在剑州北二十五里。其山削壁中断,两崖相嵌,如门之辟,如剑之植,故又名剑门山。"

也许很多人和我一样,最初是从唐诗中听说剑门关。

诗仙李白诗曰:"剑阁峥嵘而崔嵬,一夫当关,万夫莫开。"

诗圣杜甫说:"一夫怒临关,百万未可傍。"

登上剑门关,一条石阶山路蜿蜒而上,两侧都是数十米高的悬崖绝壁,剑门关雄踞山路的制高点。丢块石头下去就能砸倒一大片,易守难攻。

在城楼上有副对联：

> 风月无边北望秦川八百里
> 江山如画万古天府第一关

只有站在城楼上方能体会到这副对联的意境。遥目北望，大好河山，历历在目，气象万千，壮阔无垠。

城楼里有数幅青铜浮雕，描述剑门关的历史。据记载，在这里发生过一百多次战争，有十几位君主来过剑门关，可是，有谁还记得他们？如果没有白居易的《长恨歌》，有几个人还记得风流一世的唐明皇曾经从长安跑到蜀中避难？史书枯燥，唯有文学形象生命长青。一部《三国演义》在民间的影响力超过了浩瀚的二十五史。剑门关成了三国故事的展示现场。

天险是否可靠

进剑门关，第一个迎接你的是诸葛亮。斑红色的花岗岩石像，大约4米高。诸葛亮面容严肃，仰望隘口，从八百里秦川刮来的山风仿佛吹动他的纶巾。"出师未捷身先死，长使英雄泪满襟。"诸葛亮无奈地垂下了手中的羽毛扇。

过双孔桥，刘备的塑像倚马而立，踌躇满志，远眺剑门关外。显然，这是刘备跨越剑门关出兵夺取汉中时的情景。刘备在211年应割据成都的刘璋之邀进川。三年后，刘备反客为主，夺取成都。215年曹操打垮了汉中的张鲁，在边境上和刘备集团直接冲突。218年，刘备亲自领军出剑门关，打败了曹操部将夏侯渊，占据汉中。经过将近8年艰苦经营，刘备取得四川和陕南，称汉中王，达到鼎盛。可惜，盛极必衰，刘备刚刚称王，关羽就兵败荆州，被孙权所杀。蜀汉折了一翼。曹操在220年去世，曹丕继位称帝。刘备也在成都称帝，史称汉昭烈帝。222年刘备出兵伐吴，被火烧连营，损兵折将，大伤元气。刘备在白帝城托孤，把大权交给了诸葛亮。

若要形容剑门关的地势险要，莫若直接引用李白的诗句："黄鹤之飞尚不得过"，"畏途巉岩不可攀"。李白的描述，登峰造极，后人简直无话可说。在冷兵器时代除非是疯子才会仰攻剑门关。剑门关如此之险，好像在历史上从来没有被攻破过。可是，天险是否可靠？

回答这个问题并不难。过了刘备塑像再走不到100米，就看到一组非常生动的群塑。姜维挂剑而立，前面三位武士或仰天长啸，或低头沉思，或悲愤欲绝。剑门关并没有失守，却失掉了坚守的意义。守关将士还没交战就彻底输了。邓艾偷渡阴平，直取成都。刘阿斗开城投降，并且下令叫驻守剑门关的蜀军缴械投降。坚固的剑门关就像第二次世界大战的马其诺防线一样，任凭再坚固也毫无用处。事情就是这样具有讽刺性。太险要了，反而根本不起作用。

守关有用没有？防防小偷、流寇还行，正经派用处，够呛。

明朝大修长城，在崇祯年间，满蒙八旗数次突破长城，长驱直入。顺治入主中原，信心十足，根本没有把长城当回事。康熙、乾隆不修长城，却纵横天下，所向无敌。世界上能超越剑门关的壁垒很少，闭关自守，看起来好像合乎逻辑，实际上是胆怯、无能，往往误事。

许多人看《三国演义》都有一个误解，好像诸葛亮一死，蜀国就完了。其实并非如此。刘备只当了两年皇帝，在223年去世。在此之后诸葛亮正式执掌政权。诸葛亮死于234年，执政11年，治理蜀汉颇有政绩，国力充实。诸葛亮六出祁山，主动进攻，打到了武功县的五丈原，离西安已经不远了。那个时候剑门关是蜀汉的后方，并无战事。这又一次证明了，进攻是最好的防御。

史书记载：蜀汉灭亡于公元263年，也就是说，在诸葛亮死后蜀汉政权还维持了30年。俗话说，三十年河东，三十年河西。当战火燃烧到剑门关的时候，蜀汉政权已经不复当年了。

263年，姜维带兵镇守剑门关，阻挡钟会带领的十万大军。没料到邓艾偷渡阴平，直取成都，灭了蜀汉。邓艾这样做在军事上是否合理、稳妥？《三国演义》中说，在邓艾出兵之前曾经和钟会讨论过偷渡方案，钟会假意赞成，事后对属下说："阴平小路，皆高山峻岭，若蜀以百余人守其险要，断其归路，则邓艾之兵皆饿死矣。"显然，钟会的分析是正确的。邓艾只带领两千人马越过摩天岭，裹着毛毯从山上滚下去。就算人可以滚下去，粮草呢？下去这么几个人，打家劫舍还差不多，攻城野战，痴人说梦。没有后勤粮草接济，这点兵马非饿死不可。

可是，看起来完全不可能的事件出现了。就算是把邓艾在自己属下后方的兵马全部调上来，也不过三万人，这点人马不仅在江油站住了脚，还能在绵竹一战消灭了从成都赶来的诸葛瞻七万兵马。邓艾在没有后方支援的情况下如入无人之境，只有一个解释，蜀中老百姓已经离心离德，蜀军无心恋战，没有人肯出力，一见敌军，纷纷逃散。从军事上讲，钟会是正确的，但是他没有考虑到人心向背，过高估计了蜀军的战斗力。邓艾是否了解蜀汉的民情，不得而知，不过当他带领部队越过阴平的时候，蜀汉政权如同纸糊的大厦，一触即溃。

如果诸葛亮在世，邓艾一支人马肯定是送死去了。

三国演义开卷第一句话："话说天下大势，分久必合，合久必分。"人心思合，不愿意再厮杀下去。这是邓艾侥幸成功的根本理由。

东汉末年，天下大乱，军阀割据，相互攻战，经济凋败，人口骤减。从十八路诸侯讨董卓算起，厮杀了六十多年。到了邓艾偷渡阴平的时候，蜀汉人口还剩不到两百万。在曹操实现军垦屯田之后，中原经济逐步恢复，曹魏人口差不多两千万。双方经济实力相差十倍。对于蜀汉来说，倘能速决，或可取胜，如果拖成持久战，双方对等地耗资源、耗人力，蜀中百姓的人均负担将远远超过中原。胜败之势已成定局。

是不是经济规模大的一定能够取胜？那可不一定。在历史上新生、弱小的一方战胜强大、腐朽的一方的例子举不胜举。但是弱小方取胜必须有两个条件：第一，有一个奋斗目标，有面具有号召力的旗帜，能够团结队伍、争取民众。第二，要有一个久经考验的领导核心。诸葛亮高举匡扶汉室的旗帜，廉洁奉公，军纪严明，治蜀宽严得济。虽然连年出兵，税负和劳役都很重，但是蜀中百姓拥戴诸葛亮，大家有个信念，打下天下，好日子就在后头。进川的将领来自于全国各地，他们眼界开阔，胸怀中原，渴望打回自己的家乡。诸葛亮带领久经战阵的虎狼之师，不仅能够守住四川还有能力北伐。

可是,诸葛亮死后,又打了30年,连年用兵,横征暴敛。蜀汉经济承担不了巨大的负担,人民生活贫苦不堪,人心涣散,纷纷逃亡,在经济上已经处于崩溃边缘。这一点和当年国民党军队在东北、淮海战场上的表现差不多。1948年通货膨胀率高达五位数,国民党政府发行的法币几乎变成废纸一张。无论是士兵还是基层军官,辛苦挣来的军饷都化作泡影。上战场,大炮一响,丢枪就跑。这样的军队还能作战吗?

没有诸葛亮,蜀汉政权的领导班子顿失核心。阿斗无能,君臣猜忌,相互倾轧。吏治腐败,百姓厌战。老一代将领逐渐凋零,新生一代对于匡扶汉室毫无兴趣。久而久之,人人都明白,北伐绝无取胜可能,朝野上下都泄了气。

《三国演义》说,诸葛亮病重五丈原,刘禅派人来询问谁可接替大任。诸葛亮说蒋琬。再问,蒋琬之后?费祎。再后?诸葛亮把眼睛一闭,去了。隔代指定接班人的做法,只延续了两届,30年。诸葛亮绝顶聪明,大智若妖,似乎什么都知道。在蒋琬、费祎之后,蜀汉再没有当家人了,因为气数已尽,刘禅投降了。

信念没了,核心没了,蜀汉焉能不亡?剑门关再险又有什么用?

雄关不足恃,天险不足凭。人心才是捍卫江山的钢铁长城。

《三国志·蜀书·诸葛亮传》之注引张俨《默记》:"兵者凶器,战者危事也。有国者不务保安境内,绥静百姓,而好开辟土地,征伐天下,未为得计也。诸葛丞相诚有匡佐之才,然处孤绝之地，战士不满五万，自可闭关守险，君臣无事。空劳师旅，无岁不征，未能进咫尺之地，开帝王之业基，而使国内受其荒残，西土苦其役调。"这段话阐述了一个简单的客观规律，凡事只能量力而行，违背经济规律的是一定要受惩罚的。

剑门豆腐创纪录

剑门关景区修缮得很好。沿着小路走进去，沿途有不少景点。导游编了不少故事，什么张飞一拳捶开一口水井，唐明皇藏金银珠宝的"经皇洞"，还有一条新修的栈道，带你去看看诸葛亮在绝壁上藏兵书的地方。民间故事，信不信由你，犯不着较真。要不然你叫这些小姑娘讲什么？姑妄言之，姑妄听之。

来到剑门关，万万不能错过豆腐宴。实际上，你想绕都绕不过去。在剑门关小镇上短短一条街，居然有几十家豆腐店。古色古香的酒旗上大书"剑阁豆腐"。跑进一家"剑山人家豆腐老店"，打开菜单一看，全是豆腐。大师傅动足脑筋，花样翻新。光是名字就很好玩：桃园三仁豆腐（花生仁、核桃仁、杏仁）、周瑜水师（豆腐烧鱼）、火烧赤壁（锅巴豆腐）等。怀胎豆腐，形似母兔，实则鸡蛋包豆腐，兔胎是十几个金黄色椭圆形的豆腐球。麻辣豆腐人尽皆知，熊掌豆腐，别以为店家会给你吃熊掌，能尝到块猪脚就不错了。平心而论，味道不错。

饭店的小姑娘介绍说，剑门豆腐，白、细、韧、香，天下第一。敢问原因？第一，制作工艺精细独特；第二，豆子产于剑门72峰的石沙地；第三，制作豆腐的水是剑门72峰的山泉水。朋友故意刁难小姑娘，问道：为什么剑门县城的豆腐就不如这里？如果说工艺独特，难道嫁到县城去的妹子进城之后就把手艺给忘了？

小姑娘说这里的豆子叫"皇豆"，和别处不一样。据说唐玄宗入蜀，途经剑门，寝不安，食无味，吃了一碗剑门豆腐之后赞不绝口，便将剑门出产的黄豆封为"皇豆"。朋友们打趣说，如果唐明皇把一块泥巴封为"黄金"，你就敢上街去花了？如果剑门的豆子特别，怎么价钱和别处一样？绵阳的人来买豆子，没听说哪家农户不卖。

看到招待员小脸通红，有几分尴尬，我帮忙解围说，剑门关的豆腐好，和唐明皇扯不上关系，今后只说剑门的山泉好。别处的水再好，却和剑门关的水不一样。在水里含多少微量元素，看不见，摸不着，谁说得清楚？事后想想，可能还真是这个原因。世界之大，无奇不有。剑门关的豆腐确实和别的地方有所不同，柔软水嫩，清爽可口，韧性极强。无论切块、拉条、开片、切丝都能随意成形，不碎不烂。剑门豆腐可以随意炒、炸、熘、烧、炖、蒸、汆、凉拌，最难得的是烧好之后还能保持造型。剑门关的厨师们制作了一块豆腐王，长2.2米，宽1.2米，高0.9米，重3300公斤。在2003年入选吉尼斯世界纪录。不能不佩服，这块豆腐高近一米还能保持形状，可见剑门豆腐韧性之强。据说，有几千人品尝了这块豆腐，也记入了吉尼斯世界纪录。对这一点，我信。为了创造纪录，只要县太爷带头，吹吹打打，叫四面八方的老乡都免费尝上一口，招呼几千人应当没有问题。至于说，这块特大的豆腐口味如何，就不敢妄测了。

吃罢豆腐宴，意犹未尽，想买点豆腐干带回去。在剑门关镇上数不清有多少家店卖豆腐干。甜的、咸的、辣的，一样买一点，装了一大口袋。拿回家里之后，无论如何品尝，就是找不到感觉，似乎和别处的豆腐干没有什么两样。

世界上的事情就是这样，要出名就得和别人不一样。在经济学中叫作垄断竞争。要保留自身鲜明的特色才能站住脚。最好是让别人学不来，起码是学不像。无论是豆腐的制作工艺还是原料黄豆，别人都可以复制，而且很难区分。往往一个名牌问世不久，就涌现一大批山寨产品。假作真时真亦假，非把真货搞垮为止。

剑门关的新鲜豆腐确实好吃，做成豆腐干之后就没了特色，看起来，豆腐里面的水分确实重要。只要强调剑门关泉水的独特性，就不怕别人伪冒竞争。不过，其缺点也很严重，新鲜豆腐不适于长途运输，要吃剑门关豆腐，只能到剑门关来。

远游无处不消魂

剑门关周边风光名胜和文物古迹甚多。当地文化部门也不能脱俗，总结出剑门四景（剑门细雨、梁山松涛、夕照绝壁、雪染翠云）和剑门四奇（姜维石像、千年紫荆、松柏长青、剑山石笋）。只要听听舍身崖、一线天、石笋峰的名字就足以想象其险峻奇特。

如今，探访剑门关，交通甚为方便，可以驱车直达剑门关南麓。不日将落成登顶缆车。路旁有许多农舍前斜挂剑门豆腐的旗号，门前注明：内有客舍。可惜，时间不允许，否则在山中逗留数日，沐山风、听山泉、品豆腐，翻看历代关于剑门关的诗词，寻访当年诗人墨客的意境，何其悠哉！

历代咏颂剑门关的诗词超过4000首。我最喜欢的还是宋代陆游的诗《剑门道中遇微雨》：

衣上征尘杂酒痕，
远游无处不消魂。
此身合是诗人未，
细雨骑驴入剑门。

多妙啊！衣襟上带着征尘和酒痕，在细雨中骑着毛驴穿越剑门关。陆游自问，我还算不算个诗人，其实，无所谓了，细雨、毛驴、剑门，凭他是谁，都已经融入了画中、诗中。

2011年4月22日

丽江有梦活得爽

——丽江记行

丽江的小客栈

世界上好玩的地方很多,可是,往往在离开的时候,心里想道,说不定今后不会再来了。唯独丽江是个例外。离开的时候,一个念头不依不饶地纠缠着你,何日更重游?好几个朋友都说丽江好,去过了还想去。究竟丽江好在哪里?

2009年7月14日,夫人和我一起从北京飞抵丽江机场,朋友老赵和司机杜师傅驱车带我们进城,住进了航空观光宾馆。豪华的前厅、宽敞的客房、丰盛的食品,条件确实不错。可是,进古镇逛了一圈之后,大呼上当。来到丽江,如果还住在星级宾馆里,无异于一个傻瓜。马上请老赵帮忙在大研古镇中找个小旅馆。数不清丽江有多少家旅馆,古城中的民舍几乎都改造成了旅店和客栈。

潺潺流水是丽江的灵魂,没有水就没有丽江。家家流水,户户垂杨。大桥小桥不知道有多少。古镇最大的桥叫作大石桥，不过三米宽，五六米长。过大石桥仅几步，就是吉全惠客栈，门前两边的对联上写的是东巴文字，仔细看好像是鱼、青蛙、飞禽、走兽，很有趣，你爱怎么理解就怎么理解。

  吉全惠客栈的大门开在四合院东北角。院子不大，几棵桂花和玉兰花，阵阵暗香。两层楼，每层大概只有10间客房，颇为整洁。麻雀虽小，五脏俱全，室内卫生设施相当不错。床上有电热毯，可能是老房子比较潮湿，用来驱除湿气。门口办公桌旁有几位纳西女人，她们一面值班一面编织披肩，当客人出进时抬抬头，送你一张淳朴的笑脸。

  老赵是本地人。她说："老房子隔音效果差。不临街的房间只剩下一套，我给你们预订下来。"我连连道谢。第二天清早，也许是周边太静，我清楚地听到窗外踏着石板走过的脚步声，还有人在说话。拨开窗帘，原来在后面的小巷里摆上四五张小桌子，几个游客正在吃早饭。在一户民宅前挂个牌子"啰嗦坊"。且不知是老板娘啰嗦，还是顾客啰嗦。我赶去凑热闹。其实，老板娘一点都不啰嗦："要吃什么，说！小菜随便，馒头自家蒸的，粥是我熬的，油条是外面买来的。吃完了再算。"

  吉全惠客栈门前熙熙攘攘，游客川流不息。人太多，没劲。我想等到晚上夜深人静的时候再出门看看。到了午夜，街上依然非常热闹。沿河的桌旁坐满了喝啤酒的游客。我困了，睡吧，明天早点起来。第二天一大早，推门出来，街上已经有人来往，几位挎着相机的老外在小河边取景。游客来了又走了，唯独那条小河没变化，自顾自地流淌着。

  离开吉全惠客栈不远有处安居客栈，门前挂副对联：

> 为名忙，为利忙，忙里偷闲，喝杯茶去。
> 劳心苦，劳力苦，苦中寻乐，倒碗酒来。

早就见过这副对联，却记不得出处。人生在世，就得豁达开朗一些，不必过于计较名利。活着别太累，凡事要想开一些。来到丽江，喝酒饮茶，忙里偷闲，哪怕生活压力再大，也不妨苦中寻乐。

四方街是古城的中心广场。面积或有5亩左右。房屋建筑以水为脉，随势起伏，自然随和。许多条街道从这里发散出去，青石路面，曲折弯转。有时走着走着，眼前似乎没路了，转过弯来，又是一番天地。街巷宽窄有度，只要物流和人流得以畅通，并不追求过度的夸张和浪费。

在吉全惠客栈左手有栋临河建筑，颇具特色，挂个牌子，"一米阳光在此拍摄"。平常，我只要一看到几十集的连续剧，马上就倒了胃口，一集都不看。唯独看了孙俪主演的《玉观音》之后，印象深刻。听说特地为她量体拍摄了《一米阳光》，破例看了。这两部戏都是以云南为背景。《一米阳光》中拍了许多丽江风景。不知道什么缘故，荧屏上的小桥流水显不出美来。看过之后，弄不清楚编剧和导演想传达给观众什么信息，很快就忘了。

丽江美味

出吉全惠客栈，沿小河而下，河边凡是挂着一串串红灯笼的地方都是餐馆。甚至还卖披萨、热狗，被老外称为垃圾食品的东西在这里似乎颇受欢迎。人常说：秀色可餐。临河的座位是游客的首选,至于说吃什么反倒并不重要。有家饭店的厨房紧挨着河边,刚刚烧好的卤肉和烧鸡就放在窗户台上,一不当心,碰翻了菜碗,岂不直接掉进了小河?

由于多民族混杂居住,丽江的食品呈现多元化特色。

吃一顿饭,换一家饭店。点个"纳西杂菜"。好家伙,端上来一口大铜锅,有白菜、萝卜、肉丸子、小鱼,真够杂的。

明代大旅游家徐霞客曾经徒步来到丽江,在他的游记中记载了丽江的"油酥面饼",就是当今的"丽江粑粑"。盛名之下,销路甚佳,满街都可以看见"丽江粑粑"的广告。做工精细,选料考究,有甜有咸,老少咸宜。

水磨坊横跨小溪,在潺潺流水声中来一份云南过桥米线,味道不错。

"品松楚饭店"经营藏菜。酥油茶、奶渣、烤饼和牦牛肉……藏式"烤饼粑粑",烤得喷香,很实惠。

杜师傅听到我对本地食品赞不绝口非常高兴,挥手说,带你去吃最典型的丽江菜。汽车绕过清真寺,盘山而上,在小路尽头有个空场,停满了各式轿车。酒好不怕巷子深。来探访"小泉居"纳西小吃店的人还真不少。在这里,不仅提供各色纳西食品,还当场表演如何制作。来到这里方才明白,在街上常见餐馆门前写着"鸡豆凉粉",其实跟鸡肉和黄豆都没有关系,鸡豆是一种本地特产的杂粮。做出来的凉粉清爽可口,别具特色。

束河古镇

束河古镇离大研老城不远。水系穿城而过,景致似乎更高一筹。大雨过后，路旁的河水有些浑浊，可是古镇中的流水依然清澈透底。最难得小溪流量很足，几乎是漫着河道而过，随便弯下腰来就可以掬上一捧清泉。

市中心广场边有个水塘，九曲回廊，古朴典雅。可惜，塘边遍布餐馆，倒映水面的皆为广告，什么"荷叶叫花鸡"、"成都家常菜"等，商业气息冲淡了诗情画意。

在一家饭店门前看见小粒咖啡的广告。云南的小粒咖啡闻名世界。据说，由于土质和气候的原因，凡是盛产罂粟的地方都特别适合种植咖啡。服务员正在吃中饭，一位小姑娘说："没关系，请坐一下，我马上给您煮咖啡。"

沿街坐下来，随便翻翻挂在墙上的留言簿。写什么的都有。有歪诗，有劣画，更多的却是真情流露。游客们来自于四面八方，却共同感受到丽江是一个释放压力的仙境。为什么别的城市没有这样的功能？

小粒咖啡，香气扑鼻。饭店的服务员吃完中饭之后，蹲在门前的水沟旁洗菜。不知道大城市中的自来水是否比这门前长流水更干净？

过犹不及，物极必反

一位马车夫笑容满面地说："坐上一段吧。多少随您，我今天还没开张呢！"好吧，绕城兜一圈。路旁许多农民正在盖新房。车夫边赶车边和路旁的熟人打招呼。他说，许多人全靠城里的房子出租赚钱。我问，新盖的房子宽敞明亮，是不是更适合出租？车夫笑了。

"离了水，谁看得上？"当地人把河边住房都让给了游客。

我问："为什么不沿河往下发展？"

车夫反问："有这么多客人吗？"

正如他所说，离开古镇中心不远，街头立刻冷清下来。新修的"王府饭店"一带，许多旅馆门可罗雀。

任何事情都有一个度。倘若开发过度，过犹不及，物极必反。即使在古镇中心，满街的商品，高度雷同。第一，银器店；第二，披肩和纺织品；第三，陶器和纸品店，卖的东西大同小异，连店面的布局和装饰都非常相似。简单复制，没有创新，这种生意怎么做？

狮子山、万古楼

在狮子山顶耸立着高大的万古楼，这是丽江的地标建筑。

山路盘旋，沿街皆是客栈和小店。客栈各有特色，有的小店兼做徒步探险的联络站，有的是画家俱乐部，有的是音乐发烧友的据点。从山路旁一家小店传来阵阵鼓声，一个30岁左右的人正在击鼓，抑扬顿挫，自得其乐。铺面不大，多说只有十个平方。我见门前有张小板凳便坐了下来。汉子微微睁开眼睛，算是和我打过了招呼，继续敲打他的鼓。他身后的架子上有各种各样的音乐光盘：纳西、藏族、蒙古音乐。墙上一行文字："世界上最容易让人听懂的语言，那就是音乐。"

我问："这些音乐光盘都是你录制的吗？"

他停下来，摇头，"朋友们合作的"。

"你能卖多少？"

"不一定。"

"利润高吗？"

再摇头,"够吃就行"。

我请他推荐几盘音乐,他从架子上拿了几盘下来,"喜欢哪种,就看你的缘分了"。

潇洒、超脱、快活。

万古楼有个茶馆,招牌上大书:丽江雪茶。据说,雪茶生长在海拔 4000 米以上的高山之上,类似白菊花瓣。《本草纲目》中记载:"雪茶本非茶类,乃天生一种草芽,烹食之,入腹温暖,味苦凛香美。"顶级雪茶价格不菲。登上万古楼,别说一杯几十元,就是几百元也值。慢慢品上一杯雪茶,俯瞰丽江古镇像鱼鳞一般的万家屋脊,从时隐时现的玉龙雪山吹来阵阵长风,不是神仙胜似神仙。

木府宫殿

神州大地上曾经出现过许多地方文化,可是大部分都在历史的长河中湮没了。可是,丽江却很神奇地保存了许多独特的文化:东巴文字,宗教舞蹈,纳西古乐……为什么能出现这样的奇迹?答案可能就在市中心的木府。

老赵告诉我,丽江居民只有两个姓:官姓木,民姓和。老百姓都给木家打工。"和"字怎么写?木字头上戴顶斗笠,背上背个筐,就是和字。戴着斗笠,背着筐篓,不是打工的还是啥?史书记载,原来纳西族人并没有固定的姓氏,按照祖先的图腾崇拜,崇拜老虎的就叫"老若"(老虎),崇拜猴子的就叫"阿余"(猴子),崇拜狗的叫"啃命"(狗)。乾隆年间的《丽江府志略》记载:洪武十五年(1382 年)丽江土司阿甲阿得归化朝廷,"明洪武初,赐土官姓木,惟承袭及同堂舍人，木姓三世后降姓阿，五世后降姓和。即流寓入籍者必改姓和"。在姓氏上有贵贱之分，可见丽江的种姓制度之严格。这种不合理的制度歧视一直延续了340年。

丽江能够保存许多传统文化，大致有三个方面的原因：第一，地处偏僻，交通不便；第二，没有遭遇重大战乱；第三，纳西土司采取开放性文化政策。土司家族非常重视文化，连续五个头人都是很优秀的学者。他们大力提倡汉文化，写的诗文有模有样。丽江本土文化加速和社会主流融合，同时也保留了自己的特色。实践证明，越是胆小、畏缩，故步自封，其文化消失得就越快。只有世界的，才是本土的。

有些人高度赞扬东巴文字，这个观点不敢苟同。文字的基本功能是传播信息，交流文化。从原始的象形文字到今天的汉字，经历了多少年的演进和改革，逐渐臻于完善。东巴文字尚且处于相当原始的阶段，大量的图形还有待分类、精简、抽象，从而能够实现更多的组合，具有更强、更丰富的表达能力。东巴文字确实是活化石，可是，传播信息的效率较低，还能够保存下来吗？

土司府邸叫作"木府"。议事厅、万卷楼、护法殿等依次递进，楼台亭阁，金碧辉煌。徐霞客赞美说："宫室之丽，拟于王者。"按照严格的宗法规矩，土司离王爵还差很远，如此盖房子肯定超规违章。在木府的万卷楼上高悬横匾"天威咫尺"，其实，这话是说给上面来的官员听的，天高皇帝远，中央政权根本就管不到那么远。木府建筑虽好，最精彩的却是潺潺流水，在庭院、楼阁之间绕来绕去，带来无穷生气。哪怕是北京的紫禁城也做不到这一点。

玉龙雪山

　　玉龙雪山，索道起点为3356米，终点观景台4506米，垂直高差1150米，在世界上的索道中名列前茅。票价170元暂且不说，由于上山人多，需要排队三四个小时。为了一睹奇观，各地来的游客还是不厌其烦地耐心等候。老赵说，上面缺氧，她心脏不好，就不陪我们上去了。许多游客都租用一个很小的氧气瓶，万一喘不上来气就吸上一口。

　　在缆车上导游提前给大家打预防针。由于雪山主峰比观景台还要高出1000多米。如果有云雾，即使上山，也不一定能看到玉龙雪山主峰。期望不要太高。

　　缆车登顶之后，果然白茫茫一片，什么都看不见。眼看浮云滚滚，从脚下涌来，顷刻之间就吞没了观景台。云流动的速度很快，一会儿就飞过了头顶。人就像在云中飞翔一样。往下一看，云下还是云，波涛翻滚的云海十分壮观。忽然间，上面裂开一条缝，玉龙雪山从云缝中露出真容。周边的人们一片惊叹，纷纷拿出相机，对准雪山，一阵狂拍。玉龙雪山高兴了，索性大大方方地揭开面纱，展现在大家面前。

丽江之夜

　　丽江的夜晚非常极端。

　　一座座古老的建筑在灯光照映下，好像神话世界。

　　在偏僻的小巷中，夜深了，静得能听到小河的流水声。可是，在酒吧区，摩肩接踵，如痴如醉的年轻人随着震耳欲聋的摇滚音乐左右摇摆。

"丽水金沙"是一台反映丽江文化的歌舞，水平很高，演出了几千场，场场爆满。

在古镇中心的一个门前，在对联的位置上右边是"丽江中国纳西古乐会"，左边是"宣科先生每晚八点在此主持"。牛！无论何处也见不到这样的广告。宣科何许人也？难道每晚都来此主持，就没有休息的日子？快八点，纳西古乐团的演员们夹着乐器登场。白花花的胡子，一个比一个更老。老人们身着织锦袍子，带着听众回到了尘封的岁月。宣科晚来了半个小时。80岁出头，宣科老矣，大家都谅解。宣科是个鬼才。在很大程度上人们就是冲着宣科来的。他刚上来的几句话好像底气不足，可是越讲越来劲，谈笑风生，口若悬河。

宣科于1930年出生于一个天主教牧师家庭。受过良好的教育，精通英语，颇有音乐天分。由于思想激进，在1949年坐过国民党的牢。没料到1957年又坐了共产党的牢。虽说判刑只有7年，可是他阴差阳错一直坐了21年。独特的经历使得他具有超乎常人的思维。他说，坐牢的好处就是用不着挣钱养家，有时间来思考。

纳西古乐好听，宣科的讲解更好听。他毫不谦虚，直截了当地宣称，只有我既懂得纳西音乐又懂得西方音乐，也只有我才能把纳西音乐推向世界，在丽江和西方之间搭起一座桥梁。宣科非常聪明，他的讲话常常有突破、创新，但是点到为止，打打擦边球而已。毋庸置疑，肯定有许多人看不惯宣科的嚣张。可是，面对着巨大的经济效益，即使看不惯又如何对付这个老头子？

丽江能够容忍宣科，这本身就是一个非常奇特的现象，也正是丽江的高明之处。宣科逐个介绍了演奏古乐的老人。

在演出厅的上方挂着 30 多张照片,都是已经故去的纳西古乐老人。宣科不无遗憾地指着舞台上的老人说,要不了多久,他们也要上去,这是他们最好的去处。

如今纳西古乐以及其他的东巴文化得到了联合国教科文组织的高度重视,称为被保存下来的活化石。还是那个老问题:纳西古乐能否流传下去?

丽江好在哪里?

丽江有首歌,"有梦活得爽,有梦睡得香"。

丽江是个做梦、寻梦、探梦、圆梦的好地方。

这里远离都市喧嚣,没有工业化污染,没有商场的勾心斗角、风云吊诡,也没有学术研究的激烈竞争和清规戒律。在这里没有成功,也就无所谓失败。在这里几乎没有就业机会,自然也就谈不到失业的威胁。在这里小商小贩很难暴富,也就不必担心会破产倒闭,一无所有。在辛苦、劳碌之余跑到丽江来歇息一段时间,好似进入了世外桃源。倘若在竞争中失败,在事业上失意,在情场上失恋,逃到丽江来,眼不见为净,管他呢!

不过,梦总是要醒的。梦醒之后方才发现,丽江本身就是一场梦。

漫步小巷,不知道岁岁年年走过了多少人,我去了,别人又来了。小巷还是小巷。留下脚印和微笑,什么都带不走。

我拐进一条看起来很少游人的小巷,古树,青苔,一只花猫无声地跳上了墙头。

2011 年 4 月 28 日

老子西出函谷关
——函谷关记行

天下八大关

人常说,"天下八大关"。

为什么是八大关,而不是九大关、十大关?也许是因为青岛有个著名景点叫作八大关,习以为常,说惯了。不过,是哪八个关?说法不一。选定八大关的原则是什么?细想起来,似乎有三条:

第一,在地理上比较显著的节点。例如,沿万里长城,为首的是海边的山海关,终点是大漠中的嘉峪关,当中是北京八达岭的居庸关。逛居庸关的游人最多,每逢假日,摩肩接踵,好像逛市场一样。

第二,发生过重大历史事件。许多边关是著名的古战场,例如,紫荆关、正阳关、临淮关、雁门关等等,一战成名。平型关在历史上并不出名也不在交通要道上。但是,1937年9月林彪指挥115师在这里伏击日寇,在国军节节败退之际打了一次歼灭仗，力挽狂澜，大振士气，顿时让平型关扬名寰宇。

第三，拥有特殊的文化符号。提起剑门关，人们就想起李白的感叹，"蜀道难，难于上青天"；还有陆游的诗，"细雨骑驴入剑门"。提到敦煌的阳关，"劝君更进一杯酒，西出阳关无故人"，何等悲怆凄凉。山西太行山上，唐代平阳公主驻守的娘子关给人无限遐想的空间。登上粤赣间的梅关，立即想起陈毅元帅的《梅岭三章》，"此去泉台招旧部，旌旗十万斩阎罗"。

如果这三条兼而有之，自然名气格外响亮。无论排序如何，在各种版本的"天下八大关"中有一个关出现概率最高，那就是函谷关。

讲地理位置，西周都城在长安，东周都城在洛阳。函谷关扼守从洛阳到长安的要道。函谷关的西面是八百里秦川，叫作关中。函谷关以东叫作关外。春秋战国时候秦国在关中，关外是齐楚六国。

讲历史，函谷关最老。在古籍上函谷关就已经声名显赫。春秋战国以至汉唐，在函谷关前的战争最多、最激烈。

讲文化，和函谷关有关的成语最多。最重要的是老子在函谷关写下了千古名作《道德经》。

函谷关要文有文，要武有武，底蕴深厚，值得一游。几年前我去拜谒永乐宫，途径风陵渡，站在黄河桥头，朋友指着大河南岸郁郁葱葱的山脉说，那边就是著名的崤函古道。哇，古道尽头不就是函谷关吗？有机会一定要去看一看。

俗话说，酒香不怕巷子深。在现实生活中却未必如此。跑进深巷买酒的大半是酒鬼。作为一个热门的旅游景点，交通便利是一个重要条件。如果九寨沟、张家界没有机场,恐怕游客人数要减少好几成。在我的印象中,函谷关没准位于深山峡谷之中,交通很不方便。

2010年7月,河南银行界的朋友们委托丁家奎请我去三门峡市讲课。从地图上看,函谷关离三门峡市不远。我在电话中问道:"讲完课能不能去函谷关?交通方便不方便?"主人笑道:"函谷关就在家门口,当天去,当天回,没问题。"

陕州古迹多

从北京飞到山西运城之后,沿高速公路向南,不到一个小时,过了黄河就是三门峡市。三门峡古称陕州。我落脚的大鹏国际酒店坐落于黄河岸边。出门几步有座跨街而建的钟鼓楼。后面是专为纪念召公而建的甘棠园。在西周初年,召公和周公一起辅佐周成王。诗经《召南·甘棠》中歌颂召公为政清廉,堪为表率。如今,甘棠园俨然是一处反腐倡廉的教育基地。在城墙上挂着历史上几大清官和贪官的图文。

城楼上有贾平凹写的一副楹联:

世长势短莫以势欺世,人多仁少须以仁择人

贪官横行,无不以势欺世。可是,有几个贪官能够意识到他们手中的权势不会长久?多数贪官都善于伪装,口口声声人民公仆,背后贪赃枉法,无恶不作。要以仁择人谈何容易?

三门峡市地形狭长,和黄河平行,一条老街,一条新街。别看市区不大,几乎处处是古迹。春秋时期,三门峡周边叫虢国。黄河对面叫虞国。公元前658年,晋国送给虞国国君玉璧、宝马,请求借道攻打虢国。虞国大夫宫之奇说:"唇亡齿寒,其虞虢之谓也。"虞君贪图小利,答应让晋军过境。三年后,晋国军队灭了虢国,回师之际顺手灭了虞国。晋献公取回了玉璧、宝马,讥讽虞君:"玉璧保管得很好,只是马老了三岁。"假虞灭虢,唇亡齿寒,说的就是这里的故事。

三门峡市郊的虢国博物馆举世无双。不仅出土文物非常宝贵,博物馆的建筑构思巧妙,极有特色。中国人搞建筑很有天赋。贝聿铭在美国华盛顿一块三角地上修建了博物馆东厅,看似不规则却和周边的建筑相辅相成,相得益彰,享誉天下。虢国博物馆打破常规,依山就势,错落有致,也是一座不可多得的建筑精品。

虢字很少见,许多人都不认得这个字。可是人人都认得郭字。据说,虢国灭亡之后,姓虢的都改姓郭。同音不同字。参观虢国博物馆时,拿出姓郭的身份证一律半价。

三门峡的羊肉泡馍以及黄河对面平陆的油泼面很棒,如到此处,切切不可错过。

千古一丸函谷关

我每次出游之前,必先读书,做点功课。《辞海》介绍函谷关:"因关在谷中,深险如函而得名。东自崤山,西到潼津,通名函谷,号称天险。"《灵宝县志》说:"西据高原,东临绝涧,南接秦岭,北塞黄河,一人当关,可以当百,由是函谷关遂雄天下。"

出三门峡向西,仅仅一个小时就到了函谷关。沿着新修的高速公路疾驶,如果不细心体会,哪里还有什么天险的感觉?这段路上桥特别多。汽车过桥,几分钟,一眨眼就过去了。往下一看，好家伙，几十米，甚至上百米的深沟。典型的黄土高原地貌。虽然没有崇山峻岭，却到处是一道道沟壑。左一条，右一条。倘若没有这些桥，如何过得去？下去再上来，谈何容易？民歌唱得好，对面说话听得见，若想见面要一天。

路旁有个桥头观景点，脚下就是著名的"函谷古道"。在地壳裂缝的底部，一条石板路宽5米左右，弯弯曲曲，崎岖狭窄。路边峭壁高约30米，蜿蜒15公里。据说这是进出关中能够走马车的唯一通道。兵马未动，粮草先行。卡住这条路，即使当兵的可以爬山越岭，粮草却过不去。在冷兵器时代，占据函谷关就等于是卡住了命脉。

唐太宗李世民雄才大略，一代明君，他留存世上的诗并不多，但是他的《入潼关》却写得很有气势："崤函称地险，襟带壮两京。……冠盖往来合，风尘朝昔惊。"

函谷关的城楼非常奇特。中间两个高大的城楼，三层，悬山顶，楼顶各有一只丹凤。两侧还有两个城楼。一般的城门只有一座城楼。唯独北京紫禁城的午门在主城楼的两侧还有两个对称的城楼。函谷关双门双楼，两侧的城楼有点像午门，可是正中两个城楼，像双胞胎一样并肩而立。在古城楼当中绝无仅有。

为什么盖成这个模样？丁家奎告诉我，这可不是随便设计出来的。在成都青羊宫出土的汉代墓砖上函谷关就是这样。古人为什么要这样修，史书并无记载。从建筑功能上来讲，城楼起到一个标示、威慑的作用。有一个城楼就足够了，何必要两座？如果说是登高瞭望，两座和一座有什么区别？在函谷关前的广场上有一座巨大的石雕，老子骑在青牛背上仰望着函谷关的城楼。没准只有他老人家才知道函谷关双城楼的寓意。

函谷关资历老啊！沧桑变迁，前后有三座函谷关。最老的建于周朝。汉朝在150公里外又建了一座函谷关。三国时，曹操命大将许褚在老函谷关北面10里处再建了一座函谷关。从军事学来看，时代变了，打仗的方式也变了，防御阵地搬来搬去不足为怪。从游览观光的角度看，老函谷关刚好卡在函谷古道的口上，风景最好。如今的关隘就坐落在周朝老函谷关旧址上。

登上城楼，举目望去，丘陵起伏，郁郁葱葱，不远就是滔滔黄河，很难想象当年这里曾是"伏尸百万，流血漂橹"的古战场。

公元前318年，六国合纵攻秦，函谷关前大战，秦军获胜。

20年后，公元前298年，齐、韩、魏三国联军猛攻函谷关，大战三年，报了一箭之仇。秦国被迫割让河东三城，罢兵讲和。

再过55年，公元前243年，楚、赵、魏、韩、齐再度合纵，攻打秦国。秦军据守函谷关，开关迎敌，大败联军。自此，秦国转守为攻，最终统一了中国。

时隔千年，函谷关前再度爆发大战。公元756年，安史之乱，哥舒翰统帅的唐军在函谷关大败，丧师20万。随即潼关、长安失守，逼得唐明皇只好仓皇出逃，避难进川。

函谷关扼守要害，兵家必争。难怪王安石诗曰"一丸岂虑封函谷，千骑无由饮渭桥"。他说，只要有一个小药丸就可以堵死函谷关，对方即使有千军万马也难以打到长安去饮马渭河，可见函谷关在军事上何等重要。

老子和道德经

尽管函谷关在古代战争史上分量很重,可是真正令函谷关名扬天下的却是老子。老子在中华文化上的地位崇高。按照《史记》记载,孔子问礼乐于老子,孔子称赞说:"吾今日见老子,其犹龙邪!"由此可见,老子比孔子还高一辈。

道教是中国本土宗教。在道教的神仙谱牒中,最高领袖有三位:玉清元始天尊、上清灵宝天尊和太清道德天尊。太清道德天尊就是写《道德经》的老子。道观中有许多叫三清宫、太清宫。三清宫供奉三位领袖,而太清宫重点供奉太上老君,也就是老子。有位道士告诉我,老子一气化三清,三位一体。无论供奉三位还是一位,都是老子。有人说"老子天下第一",如果说的是在函谷关写《道德经》的老子,确实可以称得上天下第一。

近年来,人们争抢名人故里,有争诸葛亮躬耕隐居地点的,有争梁山伯和祝英台故乡的,当然,也有人争老子故里。河南鹿邑和涡阳两县都说自己是老子故里。遗憾的是连司马迁对老子来历都拿捏不准,哪有史料来证明老子的出生地?有人说在历史上曾有八位皇帝亲临鹿邑祭拜老子,这就是证据。这话并不能服人。皇帝拜祭过又怎么样?历史上弱智的皇帝和拍马屁的群臣还少吗?其实,老子在哪里出生并不重要。

人们提及老子,想到的是《道德经》。

《道德经》就是老子,老子就是《道德经》。

迄今为止,没有人争抢《道德经》的诞生地,因为记述得太清楚了。

在公元前491年,老子出洛阳东行。镇守函谷关的尹喜登关遥望,只见紫气东来,老子骑着青牛要出关。尹喜说:"子将隐去,彊为我著书。"在他盛情邀请之下,老子在函谷关住了7个月,潜心写作,一口气写了5000字。在周朝,写个字谈何容易,要一笔一画刻在竹简上。一根竹简刻十来个字,刻500多根竹简,起码好几十斤。《道德经》上篇37章,说的是道,下篇44章,说的是德,涉及哲学、政治、文化、军事、养生,微言大义,博大精深。

1993年在湖北荆门出土一批战国时代的楚国竹简,上面刻的是《道德经》。可见,在战国时代《道德经》就已经广为流传。在长沙马王堆老夫人的陪葬当中也发现帛书《道德经》。秦汉以后,《道德经》已经成为家喻户晓的经典著作。

世界上有许多宗教,例如佛教、基督教等,都是在综合了许多原始拜物教之后一步一步从客观唯心主义向主观唯心主义演变而来。渊源复杂,起点并不特别清晰。唯独道教有一个非常清晰的起源。老子在函谷关著述《道德经》,从此开创了道教。且不知老子在写作《道德经》的时候,有没有意识到这一点。函谷关西侧的建筑群号称太初宫,门前高悬匾额"道家之源"。众所周知,道教内部有天师道、全真道、灵宝道等。无论有多少门派,大家都毫无疑义地崇奉老子,都承认太初宫是道家之源。

跨进太初宫的院子,感受到的是一股强烈的文化氛围。在一面大墙上镌刻着《道德经》全文,书法极佳。美则美矣,不过,游客到此,有几个人有时间来通读?更何况多数年轻人的古文水平有限,能读懂《道德经》的人恐怕不多。也不知道是哪个聪明人善解人意,把《道德经》中的一些警句摘录出来，刻在路边的石板上，再翻译成英文。好主意！我驻足详读，发现英文译文的水平极高，大为惊讶。三门峡居然有这等高手！丁家奎笑道："这还不容易？门口售货亭中有英文版的《道德经》，照着抄下来就得了。"

哈哈，我怎么忘记了，光海外《道德经》就有一百多种版本。有人统计过，世界上印刷数量最多的第一是《圣经》，第二就是《道德经》。

在古色古香的院子里，看着一块块石板，慢慢走过去，许多警句名言早已耳熟能详。例如：

> 人法地，地法天，天法道，道法自然。
> 道生一，一生二，二生三，三生万物。
> 知人者智，自知者明。
> 民不畏死，奈何以死惧之？

有一块石碑题为"善为之策"。上面刻着："善为士者，不武；善战者，不怒；善胜敌者，不与；善用人者，为之下。"翻译成现代汉语：善于做将帅的人不必逞强耀武；善于征战的人不会轻易动怒；善于胜敌的人要避免正面交锋；善于用人的人要礼贤下士。这些话说得多好，如今的领导有几个人能做到这些？

天宝添祸

太初宫的大殿西侧，有一处房子看起来并不十分起眼，却是唐代由盛转衰的重要见证。唐玄宗李隆基继位之后年号开元。他励精图治，开创了历史上有名的开元盛世。他当了

28年皇帝之后将年号改为天宝。把函谷关所在的桃林县改名为灵宝县。天宝的意思很清楚,天上送来的宝贝。什么宝贝?就是在这里挖出来的一块木板,称为"灵符"。公元741年,有个官员田同秀上奏,天降灵符于函谷关的尹喜故居。唐玄宗派人到这里,果然挖出来一块"灵符"。不知道李隆基是真糊涂还是揣着明白装糊涂,扬言"灵符"是上天的赏赐,马上就把年号从"开元"改为"天宝"。既然有灵符护佑还操什么心?从此,天子骄奢,群臣腐败,盛唐迅速衰败。14年后安禄山造反,在函谷关大败唐军,随即攻破长安,逼得唐玄宗逃到四川避难。天报应!不晓得安禄山攻破函谷关之后有没有来过这里。倘若安禄山站在这间小房子面前,也许他会嗤笑唐明皇,放着《道德经》不好好读,却相信什么"灵符",难怪会断送掉大好河山。

太初宫西侧有一片碑林。石碑刻字是中华文化的特色。虽然古代埃及、巴比伦也有石刻的方尖碑,可是却远远不及中国的石碑文化。汉字是象形文字,省地方。几个字就可以包含许多意义。拼音文字好学,可是要记述一点事情,非滴里嘟噜写上一大串不可。石碑不仅提供了许多珍贵的历史资料,还展示了书法艺术。如今技术先进了,取石、刻石都容易了。在许多地方出现了现代碑林。但愿内涵、文采和艺术性都能跟上去,给后人提供一些当今时代的真实信息。

鸡鸣狗盗,劳动分工

过碑林,沿一条石板路向上数十米,有座建筑"鸡鸣台"。有一句很流行的成语"鸡鸣狗盗",原本发生于此。公元前

299年，秦昭襄王听信谗言要杀孟尝君。孟尝君手下门客三千，各有神通。有位门客用狗盗之术，偷得狐白裘，贿赂秦王宠姬，骗得出城。孟尝君一行跑到函谷关，天色已晚，关门紧闭。函谷关的规矩是日落闭关，鸡鸣开关。眼看追兵马上要到，幸亏门客中有人善学鸡叫。喔喔一叫，周边一片鸡鸣。孟尝君赚开城门，脱险而去。

这句成语的意思是说，有些被人们看不上眼的雕虫小技，到了关键时候却能发挥意想不到的作用。鸡鸣狗盗，在经济学上叫作劳动分工。劳动分工可以提高生产者技艺，促进劳动生产率。各项分工综合搭配起来就能在整体上增强竞争力。水泊梁山就有劳动分工，在108将中有冲锋陷阵、武艺高强的林冲、武松，有出谋划策的智多星吴用，有医生、文书、刻字写字的能手还有小偷时迁，搭配起来，整体战斗力很强。如果拆开来，就很容易被消灭掉。不过，孟尝君手下有个把盗窃能手还有情可原，收留一个能学鸡叫的人，这种分工就有点悬。一辈子也不一定用上一回。假若那位鸡鸣之徒还会唱歌、口技，那就另当别论了。

伸头未必强似缩头

《道德经》区区五千言，内容深奥，注家蜂起，争论不休，其中有许多地方谜团重重。太初宫里看似寻常，其中也有许多难解之谜。

按照传统，石碑的下面往往是一只乌龟，俗话说，王八驮石碑。在重负之下，乌龟的头自然伸了出来。可是，在太初宫却有一只缩头乌龟，背上照样驮着一块石碑。一反常规，当如何解释？无论你给予何种解释，缩头乌龟已经达到了目的。不仅引起了人们的重视，还有人专门做了一个巨大的玻璃罩，很仔细地把这只缩头乌龟连同背上的石碑一起保护了起来。

太初宫有副对联很有寓意：

世外人法无定法，然后知非法法也，
天下事了犹未了，何妨以不了了之。

来函谷关玩，可以在无形之中受到哲学、历史、文学的多方面的熏陶。不过，正如太初宫前的阴阳八卦一样，周而复始，世间事情变化莫测。还是轻松一点，随遇而安就好。

大凡菩萨都有一个道场。所谓道场就是户口登记的所在地。不管有多少套房子，户口只能登记在一处。文殊的道场在五台山，普贤的道场在峨眉山，地藏的道场在九华山，观音的道场在普陀山。真武大帝的道场在武当山。弥勒是未来佛，他的户口登记在何处，颇有争论。在奉化修建了世界上最高的弥勒大佛，看起来弥勒道场很可能落户在雪窦山了。如果老子也要有个道场的话，毫无疑问，在函谷关。

只要中华文明在，函谷关就在。

2010 年 8 月 1 日

蛊怪奇绝张家界
——张家界记行

当我离开张家界的时候,从内心深处发出一句感叹,不虚此行!可是,仅仅几个月之前我压根就没有去张家界旅游的念头。恕我孤陋寡闻,由于工作忙,很少看电影,尤其是外国电影,几乎不看,知之甚少。听说一部《阿凡达》轰动全球,好评如潮。让我感到震惊的是,电影的外景居然是在中国的张家界拍的。我专门跑去看了电影之后,毫不犹豫,张家界如此神妙,怎能不去?

2010年4月底,在批改完期末考卷之后,很快就登上回国的飞机。5月5日,我和夫人动身前往张家界。抵达张家界荷花机场已经是晚上9点,住进市内的龙胜大酒店。说是"大酒店",实际上不过是个三层小楼,多说或许有20个房间,设备相当简陋。越是店小,越要称大。好在司空见惯,无所谓。从半夜起就听到外面雨声淅淅沥沥,糟糕,明天还要去武陵源,倘若还是下雨,可如何是好?

清晨醒来,雨停了,可是天上阴沉沉的,似雨非雨,似雾非雾。赶紧到门口小店里买了把雨伞。随着旅游团来到金鞭溪景区门口，眼前突然一亮。巨大的山峰像春笋一样突兀而起，山腰间云飞雾走，犹如仙境。就在这个时候，又来一阵大雨。同行者有人打退堂鼓，要求退票。导游小朱说："我又不是航空公司。除非下刀子，只要能够保证你的安全，退什么票？雨中看景，别有情趣！"

刚下旅游车就涌上来一群小贩兜售雨伞、雨衣。我买了一件塑料雨衣 20 元，再买个鞋套 10 元。走到景区门口，众人站在屋檐下等候导游去取门票。第二批小贩涌过来，同样的商品，雨衣 10 元，鞋套 5 元。在进门检票的时候，第三批小贩上来了，雨衣加鞋套 10 元。价格下跌如此之快，让人啼笑皆非。下雨制造了游客对雨伞的需求。游客从全国各地飞来，料你不会因为下雨而放弃游览，即使把雨伞的价钱抬高一点，依然远远低于旅游的沉积成本，有较大的涨价空间。游客刚下车，购买欲望最强，可以多要一点。随着游客走向大门，购买欲望越来越低，只有降价才能打动游客掏钱。进了大门以后，价格再低也卖不出去了。无论如何，没有一个小贩会贴本销售。好在游客络绎不绝，走了这拨还有下一拨。

雨中看景，确实别有一番情趣。金鞭溪在一座座奇山怪石之间绕来绕去，移步换景，山形奇特，鬼斧神工，令人赞叹不已。好似把盆景和国画中的景致放大几十、几百倍，立体呈现在眼前。真不知道大自然是怎么造就了这片奇特的景观。

导游指着一块垂直耸立、高达数十米的巨石说，这是金鞭，对面巨石顶上落着一只神鹰，"神鹰护鞭"。形似神似，可谓一绝。"黑手高悬霸主鞭"，神鞭今犹在，霸主何处寻？

金鞭溪景区蜿蜒 5.7 公里，说不上有多少美景，难怪有人称这里是世界上最美的峡谷。本想多看几眼,无奈天降大雨,连头都抬不起来。只好跟着导游沿着金鞭溪一路前行。只听得导游在耳边指点说,这里是"千里相会",那里是"双龟探溪"……透过雨幕,看到形态各异的巨石,真佩服当地人的想象力。奇特的地理环境孕育了土家族极为丰富的民间故事和口头文学。

雨越下越大,抬次头就得擦把脸。天上怎么有这么多的水,下不完啦?游客在抱怨,可是脚下的金鞭溪却高兴得很,水尤清冽,奔腾欢快。在青石板路上行走,脚下的塑料鞋套早就被踩破了。大雨小雨雨淅淅,鞋湿裤湿湿滴滴。管他呢。走了一半,雨点打在伞上哗哗作响,听不清楚导游在说些什么。众人只顾埋头走路,小朱见无人理睬,径自高喊一声:"下面的景点不用讲解,自己看吧!"说罢便不见了踪影,料必跑到出口处避雨去了。

金鞭溪的终点叫作"水绕四门"。小朱摇着小旗召集旧部。他指点周围48座石峰说,这就是48个大将军。当中一座山就是万岁牌。小朱很认真地说:"知道吗?别小看了张家界,我们这里出过天子!要不然,后面的山怎么叫作天子山?"我搞不清楚他的逻辑,是出了天子才叫天子山,还是有了天子山才推断出了天子?好像在历史上,没有哪朝的皇帝出自于湘西,倒是出过不少土匪。据《资治通鉴》记载,公元47年,东汉时期,土家首领相单程在桑植、大庸举兵反汉。汉光武帝刘秀派伏波将军马援平定湘西。在《慈利县志》中可见,南宋末期,向氏兄弟在大庸据险起兵。在《永定县乡土志》中写道,向大坤在明朝洪武年间聚众起事,朱元璋派周德兴、邓愈征讨剿平。汉朝、宋朝、明朝在张家界一带都有人造反，首领或者姓项，或者姓向，称之为"向王天子"也不算太离谱。载入史书的已经有这么多，那些没有明文记载、尚未震动朝廷的山民起事就更数不清了。果真这里是天高皇帝远，交通闭塞，民风剽悍，如果有人领头造反，一呼百应，称王称霸甚至自称天子也在情理之中。

登上旅游车，导游小朱问大家："张家界出什么？"他自问自答，"土匪。我就是土匪的后代。穷山恶水出刁民，自古以来就是这样！"

游客并不同意，"这里山光水色，绝顶漂亮，怎么可以说穷山恶水？"

小朱理直气壮："饱汉不知饿汉饥。你看看，这山都是石头山，哪有几块土地能种苞谷？风景虽好却当不得饭吃。穷啊！如果家有二亩地、三间房，老婆孩子热炕头，谁还上山当土匪？"

我对小朱的观点深表赞同。上个世纪60年代，我在赣南当了8年矿工。曾经领着一支文艺宣传队到山区慰问演出。竹海清溪，风景绝佳。可是，下乡插队落户的知识青年和下放干部却对风景毫无兴趣。他们唯一的愿望是如何才能早日返回城里。

风景在人心。赶路回家的人哪里还顾得上漫天绚丽的晚霞？晨曦黄昏，日出日落，有几人关注？寻常巷陌，在人们眼中极其平常，可是到了摄影家的眼中，却可能变成绝佳的景致。几亿年前就有张家界，人类文明几千年，在改革开放之前，有几个人知道张家界？王阳明先生说："心外无理，心外无物。"深山中的一树桃花，你看见它，鲜艳怒放，你没有看见它，难道它就不存在了吗？ 张家界之所以美，是因为有人来欣赏。欣赏的人一定是吃饱了饭的游客和《阿凡达》的导演。

也许是为了印证他的说法，小朱带我们来到贺龙的塑像前。

贺龙的老家在桑植县洪家关，离这里不远。据说，贺龙离家之后就再也没有回来过。凡是革命老区，诸如延安、井冈山、瑞金、黄麻，至今还很穷。人常说穷则思变，不穷，有谁干革命？可是，革命之后家乡父老还是这么穷，就是衣锦还乡，更复何言？当年革命，登高一呼，万众响应。懂得马列主义的没有几个，大部分人是为了改变现状，"打土豪，分田地"，最简单，也最有吸引力。湘西出土匪，实在是"穷"字逼的。解放了，平等了，湘西百姓还是挣不着钱，穷得叮当响。莫不成还要学习贺龙两把菜刀洗劫派出所？

小朱振振有词，"成者王侯败者贼，跟着贺龙走的人叫开国元勋，没有跟贺龙走的人叫土匪。在贺龙走了之后才长大的人，找不到红军，该不该当土匪？"

贺龙石像高20多米，脚下依偎着一匹战马。贺老总手里拿着烟斗，凝望着故乡，笑了。家乡变了，富了，再没有人需要走他的老路，玩枪弄刀，血雨腥风了。家乡剧变靠的不是打打杀杀而是经济建设。在湘西山区，除了土特产之外，秀丽的景色极大地推动了旅游业，给老百姓带来实惠。随着经济发展，第三产业的比重越来越大。物资、人员的流通能够创造财富。张家界的穷山恶水变成了吸引全世界目光、招财进宝的风景名胜。

离贺龙塑像不远就是电影《阿凡达》中悬浮山的原型。一块巨大的石柱顶天立地，上面大，下面小，只要在后期制作上稍微加工一下，就成了悬浮山。在张家界类似这样的石柱很多。山本无名，在《阿凡达》电影中出名之后，当地人按照电影情节将其命名为"哈利路亚山"。其本意也许就是吸引游客，扩大影响，不料却遭到猛烈攻击。网民说，改名就是卖国！上纲上线，罪莫大焉。至于吗？给山起名，原本寻常。从方位上讲，东山、西山；从距离城市的远近来讲，五里山、十里坡；从高度来讲，101 高地、摩天岭；从住户来说，张家岭、王家山。起个地名，无非是为了方便记忆和识别。即使地名雷同也无关紧要。这根石柱，起码有几万岁，没名没姓，过得蛮好。起个名字，既不能减一分，也不能增一分。你叫它哈利路亚，我叫他张家宝贝，随便。最终，约定俗成，自然会有个被大多数人接受的名字。我看，只要继续争论下去，这座石柱被叫作哈利路亚山的可能性越来越大。

张家界有座天子山，口气够大。有座桥称为"天下第一桥"，口气更大。不过，走到旁边一看，确实是天下第一。两山绝壁相对，峡谷深百余米。在两山之间居然有一座天然的石桥相连。桥长二十余米，当中的厚度有十几米，桥体上长满树木。桥头有座小庙，栏杆上挂满铜锁。怎么也想不出来，地壳运动，风化腐蚀，如何才能形成这等奇观。

过了天生桥就是袁家寨。如今已经改造为民俗博物馆。在土家族的民俗风情中最引人注意的是湘西三大谜：辰州符、苗女蛊和赶尸。所谓"赶尸"就是用法术让尸体一跳一跳地自己走回家去。物理学家说，赶尸不符合能量转化定律，不可能。工程师说不符合动力学原理，不可能。医学专家说不符合人体结构和功能，不可能。刑侦专家说，如果人死了还能听招呼，许多疑案就好破了。不管有多少科学家、工程师出来否定，唯独文学家舍不得赶尸这个题目，多刺激啊！著名国学大师沈从文是湘西人。爷爷是汉族，奶奶是苗族，妈妈是土家族。他写的小说《边城》几乎成了凤凰镇的名片。沈从文在《沅陵的人》文中写道："辰州（沅陵）地方是以辰州符闻名的，辰州符的传说奇迹中又以赶尸著闻。" 沈从文何等聪明，对于他家乡的赶尸奇闻既不说是也不说非。说是，外面的人会骂他；说不是，家里的人会骂他。朦朦胧胧，玄玄乎乎，神神秘秘，这才像个文学家。事实上，从来没有人见过赶尸。真理是可以反复证实的。要说赶尸是真的，那就赶给大家看看。精神世界和物质世界是两个截然不同的范畴。绝对不可能用物质手段来描述精神世界。把什么事情都说穿了，多没劲。对于旅游业来说，有点神秘感可以增加吸引力。但是，切切不可弄巧成拙。

　　索溪峪的十里画廊，山奇、水奇、石奇、峰奇。有电车往来，坐在车上，看着一个又一个迎面而来的奇景："劈山救母"、"采药老人"、"三姐妹探亲"，何等逍遥自在。这等设施就是在西方著名的景点也不可多见。

　　张家界有两个国家级森林公园。除了武陵源外还有一个大名鼎鼎的天门山。如果说武陵源是神奇与秀美，那么天门山就是雄壮和惊险。

　　张家界就是当年的大庸县城。从城里去天门山，既不用坐车，也不必走路，直接坐索道。天门山索道号称世界最长，全长7455米，高差1279米，修建耗时2年，投资2.5亿元。坐在缆车里，穿云破雾，好似《庄子》文中飘逸潇洒的神仙。

　　一个景点倘要出名，一定要与众不同，让游客回家之后久久不能忘怀。北美有许多公园，湖泊、草地、树林，美则美矣，却千篇一律。说不清楚这个和那个有什么区别。只要去过天门山的人起码会记得几大特色：鬼谷栈道、通天大道和天门洞。

鬼谷栈道从倚红关始，到小天门，挂在悬崖峭壁上，绵延1600米。华山栈道够险，可是不如鬼谷栈道那么长。

世界上险要的公路很多，却很少能像天门山的通天大道那样险。盘山公路十余公里，高差1300多米，沿着空谷绝壁，99道弯，盘旋而上，犹如缠绕在山间的一条巨龙。

最令人叫绝的是天门山的天门。

桂林山水甲天下。别的地方很少像桂林山水那样玲珑剔透。象鼻山有一个穿透的岩洞，穿山的洞看起来好像一个月亮。可是，天门山的洞高131米，宽57米，深60米。1999年特技飞行大师驾机穿越天门洞。2007年世界著名的蜘蛛人徒手攀越天门洞。2008年新疆达瓦孜传人在天门洞走钢丝。凭这些记录就足以证明天门洞举世无双。

可惜，当我来到天门洞的时候，一阵大雾飞来，什么都看不见。我说，不急，先吃饭，没准等一会儿雾就散了。饭吃完了，雾更浓了。导游小朱自告奋勇前去打探。我们泡上壶茶，边喝边等。半个小时后，小朱回来报告，他爬了999级天梯，一直到了天门洞脚跟，在大雾之中甚至都看不到洞口。既然天公不作美，只好告辞了。

乘缆车下山，导游把我们送去张家界机场。就在登机之前，一阵风来，天门山突然亮相，凌空出世，巍峨耸立，气势磅礴，天门洞正对面前，清晰可见，蔚为奇观。在斜阳映照之下，壮哉，美哉！

天门送我行，缘分，多谢！

2010年5月15日

颠覆五岳看绵山

——绵山记行

养在深山人未识

唐代刘禹锡在《陋室铭》中说:"山不在高,有仙则名,水不在深,有龙则灵。"

如果又有神仙,山又高峻,岂不更有名?

如果山中的神仙里儒、佛、道样样都有,岂不是好上加好?

如果除了精神世界的神仙之外还有显赫的历史遗迹、文学名士的诗词咏叹,岂不是更上一层楼?

倘若按照这些标准来评价名山未免有些苛刻。踏遍三山五岳,四大道场,不是缺了这点就是短了那项。登临绵山,我不禁拍案叫绝,绵山居然件件齐全,样样精彩,真不愧为名山当中的名山。

不知道是何原因,绵山并不特别出名。我到山西,几次路过平遥、介休也没有想过上绵山。有一天,我无意中看到中央电视台关于绵山的镜头，简直不敢相信，在百丈峭壁当中居然悬空挂着一座座殿堂。如此奇特，不去怎行？

由于太忙，拖了又拖，直到 2012 年 7 月 28 日，快开学了，绵山之行终于成真。我和夫人在北京登上动车，风驰电掣，不过 3 个多小时就到了太原。午餐之后立即和朋友们一起驱车向南，直奔灵石，王家大院就坐落在绵山脚下。

山西有许多著名的民居，例如，乔家大院、常家大院等。其实，无论是从规模还是从精雕细刻的程度，王家大院都要超过乔家大院。乔家大院的主人当年主要是经商，而王家大院的主人不仅经商还当官、读书，在文化程度上略高一筹。可是，由于张艺谋拍了一部《大红灯笼高高挂》，让乔家大院名闻天下。由此可见，好酒也要靠吆喝。

云中神仙居

灵石的朋友打算招待我在一家五星级饭店落榻，我连连摇头，要住就住到绵山去。晚饭后，说走就走。夜幕中，我们在盘山道上绕来绕去。只见引路车的尾灯时而上下，时而左右，好像在和我们捉迷藏。也不知道爬了多少坡，转了多少弯，穿过多少个隧洞，车停在一处峭壁之下。眼前一座宫殿式建筑，门上四个大字——"云峰墅苑"。"墅苑"似乎比较文雅，可是叫着别扭，无论是我的朋友还是导游都叫它云峰宾馆。宾馆内富丽堂皇的大厅和其他五星级饭店类似，不同之处是接待柜台的背后就是石壁。观光电梯贴着石壁，直上 12 层。出了电梯，面前是一个更高更陡的峭壁。云峰宾馆就建在两大台阶之间。

虽说建在半天空中，宾馆设备齐全，空调、冷热水，应有尽有。究竟宾馆有几层？很难说。整个宾馆挂在悬崖上，如果从走出观光电梯的地方算起，向上有6层，向下好像有5层。完全打乱了楼层的常规概念。

放下行李，突然发现窗外峭壁上闪闪放光。跑到平台上望去，在百米悬崖上挂着三组闪烁变幻的灯图。高、宽或有20多米。据说这是道家图符。正中是周天灯图，左面是北斗天轮，右面是十二曜星。按照道家的说法，祭拜周天灯图祈佑国运昌隆，祭拜北斗天轮保佑消灾解厄，祭拜十二曜星祈佑全家平安、流年顺利。反正都是好事，拜下去就没错。

次日清晨，拉开窗帘，几百米开外的巨石峭壁，满目青翠，扑面而来。探首俯瞰，不由得倒吸一口冷气。震撼！云峰宾馆大门以下有数百米深渊，上面还有几百米高的悬崖。如果跑到对面山上看，整个宾馆就像是镶嵌在百丈悬崖当中。一条山路如同飘带一样，绕在峭壁腰间。如有恐高症，必定不敢久久凝视。

山风从峡谷中吹来，整个宾馆好似翩翩飞翔，不是神仙，胜似神仙，逍遥自在，陶醉心扉。我不知道在世界上何处还有这样奇特的宾馆。且不说当年在悬崖上施工何等艰难，就是找到这个地方，有这样的构思，就非常了不起。当人们观看电影《阿凡达》的时候，有人不无遗憾地说，怎么中国人就没有这样的想象力？错了，请到绵山来。中国人不仅不缺乏想象力，而且还能把超凡的想象力变成现实。美国科罗拉多大峡谷也有这么宽，这么陡。却从来没有听说过有人打算在峭壁上修这样一处宾馆。人常形容高层建筑"顶天立地"，云峰宾馆上摩青天，下不临地，超凡脱俗，分明就是一处云中神仙居。倘若建筑大师贝聿铭来到这里也一定会说,设计者理应获得大奖。

更为难得的是,云峰宾馆这个地方在历史上声名赫赫。据说,唐太宗登山礼佛时曾在此驻跸。有唐代大诗人贺知章的诗为证:"圣主驻福地,活佛方显灵。昔时人已没,今日山犹胜。"既然唐太宗来过这里,那么在他之后来过绵山的唐高宗、唐玄宗等人也肯定来过。有关这里的诗词数不胜数。贺知章曾经向唐玄宗推荐过李白,不知道为什么在李白的诗集中没有提到过绵山。

人常说,乱世逃荒,盛世修庙。近年来,许多地方选个山清水秀的风水宝地,修起一座座寺庙。修庙固然是好事,若找不到历史根源和文化底蕴,难免缺乏底气。到了绵山,大吃一惊,几乎每一处景点都有历史,而且还有据可查,真人真事。这样的地方别说中国,就是找遍世界也颇为罕见。有人说,绵山是近代人造景点,此言差矣。不仅史书上多处记载过绵山,散落在绵山各地的石碑、摩崖石刻也都见证了它的历史。唐代的李世民、魏征、白居易、贺知章、王维、李商隐;宋代的文彦博、苏东坡都有诗作,更不必说明清之后大量歌咏绵山的诗词文学作品了。绵山的一些主体建筑确实是近年才修的。也只有如今的国力和技术才允许人们建造得如此辉煌。依托在深厚的文化底蕴之上,过了几百年这些建筑何尝不是文物?

云峰栖霞抱腹岩

清晨,赶在早饭之前,我和夫人沿着小路探访紧挨着宾馆的云峰寺。在数百米高的悬崖当中有一个巨大的山洞，高约60米，深50米，宽180米。洞外山势如同双手抱腹，因此得名抱腹岩。好大一个洞！洞中装了200多间殿堂、禅房还绰绰有余，同时容得上万游客。我真佩服大自然的鬼斧神工，怎么能在峭壁上挖出来这样大的一个山洞，又怎么能保证山洞的跨度这么大，历经数万年而不崩塌坠落？

公路和云峰寺之间有笔直陡峭的百余台阶。上去还好说，下来有几分险。弄不好叽里咕噜滚下来就麻烦了。若不想爬长长的台阶也不要紧，可以乘云峰宾馆的观光电梯，上到12层之后，再从水平的小道绕过去。可是，据说不住在云峰宾馆的人是要收费的。另外一个办法是坐轿子。一大早就有七八顶轿子在山脚下等候客人。看起来，生意并不太好。无论是年轻人还是老头、老太太，一个个顺着台阶爬上来，气喘吁吁，大汗淋漓。

导游小孔今年18岁，眉清目秀，口齿伶俐。她说："轿夫都是'苦人儿'，挣俩钱，不容易。"随后，她指着顺着台阶向上蠕动的人流说："山路共有120级，前一段象征着人生108种烦恼，登上一阶就少一种。最后12级代表12个月。爬完全程就意味着一年到头都没有烦恼。信不信由你。"

我听了哈哈大笑，"小孔，你这么一说岂不是坏了轿夫的生意？这些游客听说爬爬山路即可消除烦恼，还可强身健体，哪个还去坐轿？"

昙鸾修行云峰寺

云峰寺有块著名的《大唐汾州抱腹寺碑》，刻于唐开元二十一年（公元732年），碑文、书法、镌刻俱佳，号称镇山之宝。碑文记载，云峰寺始建于三国时期曹魏明帝。著名僧人昙鸾在这里修行，创建、发展了净土宗。东魏孝静帝敕命昙鸾为云峰寺住持。至今僧界依然把云峰寺奉为净土宗的祖庭之一。

在《介休地方志》中记载着这样一个故事。隋开皇五年（585年），介休县令薛宝集在绵山遇到一位高僧，他赞叹："禅师住处甚险。"

和尚答道："县令危险尤甚！"

县官不解："弟子位列七品，何险之有？"

"仕途难料，孰知无险？"和尚反问。

薛宝集肃然请教："何以为解？"

高僧道："诸恶莫作，众善奉行。"

"三岁孩儿亦得此道。"薛宝集不以为然。

高僧正色："三岁孩儿虽得道，八十老人行不得！"

薛宝集顿时觉得醍醐灌顶，豁然贯通。这位高僧就是昙鸾大师。后来，薛宝集为政廉洁，政声颇佳。如今，官场风气不正，讲道理全懂，就是"行不得"。有几个官员能像薛宝集那样认真地反省自身？

空王古佛的来历

唐初，介休出了一位得道高僧，俗名田志超，陕西冯翊人，辗转来到云峰寺修行。贞观十四年（640年）天下大旱，他将淘米水向西南洒去，顿时京城长安普降甘霖。次年，唐太宗李世民亲自登临云峰寺致谢。不料田志超的弟子上奏，师父刚刚圆寂。李世民仰天长叹："此行空望佛矣！"这时，天空浮现"空王古佛"四个大字。李世民顿悟，下诏封田志超为"空王佛"，遂令云峰寺名动天下。至今当地人仍然把"空王佛"读成"空望佛"。

田志超是佛教传入中国之后成佛的第一个汉人。唐代开元、天宝年间，朝鲜半岛上的新罗贵族金乔觉出家为僧，渡海来华，后来在安徽九华山得道，世称地藏王菩萨转世。算起来，比田志超晚了好几十年。

世上知道空王佛的人并不多。根据《法华经》所述，空王佛是位过去佛，大有来历。禅宗供奉释迦牟尼佛。净土宗供奉阿弥陀佛。释迦牟尼佛和阿弥陀佛共同的师父就是空王古佛。辈分和资历非常高。

在抱腹岩的峭壁上挂着许多铜铃。据说，为了感谢空王佛，魏征上奏唐太宗："铃者，灵也。挂铃谢恩方为大礼。"于是，唐太宗命能工巧匠打造铜铃，悬挂在抱腹岩顶上。

如今，来祈福的人花上几千元，定制一个铜铃，刻上祝愿，请人挂上去。挂铃之日，必逢庙会，善男信女，万众仰视，好不热闹。久而久之，遂成民俗。导游小孔兴奋地比划着说："挂铃好险啊！腰上绑根绳子，从山顶坠下来。洞内的人用另一根绳子把他拖进来。用铁钩勾住岩石，凿洞挂铃。玩真的，比杂技还惊险！"

清代诗人王清记述抱腹岩："鸟拂金铃渡，僧缘石隙行。坐听梵响处，花雨落无声。"鸟贴着峭壁上的金铃飞过，僧人沿着巨石缝隙攀行，在诵经声中，花瓣悄悄落地。峭壁上的铃铛响没响？从诗中推断，没响。要不然就不会感觉到落花无声。事实上，我站在抱腹岩中也没有听到铃声。也许要刮大风才会铃声叮当。

抱腹岩对面有块空王佛隐身壁。据云峰寺碑文记载，在唐开元二十一年（733年），空王佛驾白鹿，抱白兔，在抱腹岩上空显灵。寺内僧众一起跪拜佛祖，只听空中传来偈语："山空水亦空，人空佛亦空。"言毕，空王佛和随从一起隐入对面绝壁之中。从此，在对面山壁上依稀可见他们的影子。在每年空王成佛日（3月17日）绝壁中还会传出梵音经声。世界上有许多不解之谜。在湖畔、深山中常有湖怪、野人的传说。可是，很少有地方能像抱腹岩空王佛的传说这样言之凿凿，有凭有据，令绵山倍觉神奇。

抱腹岩正中是空王真身殿，用青石修葺、雕刻而成。殿门楹联：

真山真水真人修成正果，
古岩古洞古佛练就金身。

大殿正中是田志超的包骨真身像。两旁站着文殊、普贤两位菩萨。包骨真身也叫作真身舍利。舍利可分为碎舍利、真身舍利和法身舍利。倘若庙宇中能够供奉舍利，那可是件了不起的大事。碎舍利已属非常珍贵，真身舍利更是稀世之宝。得道高僧圆寂之后，真身不腐不倒，后人在外面裹上一层泥，历经千年不坏。直到如今，科学还不能完全解释其中的道理。在安徽九华山、韶关南华寺等地可以看到几尊真身舍利，在绵山现存的真身舍利居然有十几尊之多。

导游小孔认真地说："你别不信，都是真的。有些真身舍利表面的泥巴脱落了，还可以看见里面的头盖骨、指甲。"她生怕别人不信，伸手揭开披在舍利身上的袈裟："你看，你看，这不是指甲吗？还有一座能看到头盖骨。不过，我忘了是哪座。"她左顾右盼，翻来找去，恨不能爬到供台上去寻找。若是游客这样做，似乎大不敬。可是，小孔是当地土生土长的小姑娘，佛祖有灵，断不会怪罪自家孩子浪漫天真。

神佛、菩萨来自于精神世界，未必要在人间找到什么出处和依据。四大菩萨，观音、文殊、普贤、地藏，除了地藏王菩萨转世是来自于新罗的金乔觉，其余三位菩萨既不知道来历也不知道出身，"虽善无征"。空王佛不仅有名有姓，有家乡籍贯，有历史记载，还留下真身舍利，天下一绝！

五龙治水抱腹岩

空王宝殿右手的绝壁上有几个天然洞穴，是古代高僧修行之处。在宝殿左侧有个洞中之洞。据说是昙鸾闭关辟谷，修行成真之处。洞口一组石碑，刻的是昙鸾所著"服气法"。洞中还保留了几样修行用的法器。游人尽可模仿试试。怕只怕没那份毅力和恒心。浅尝辄止，还不如敬而远之。

昙鸾洞旁的石缝中有泉水滴出，积聚成龙泉。泉中之水不溢不枯，取之不尽用之不竭。抱腹岩海拔 1000 多米，这水从哪里来？小孔说："山有多高，水有多深。"这话放在绵山固然不假，可是，放在别处就未必属实。绵山的植被很好，是一条重要的原因，除此之外，也可能和抱腹岩周边特殊的地质结构有关。

既然有水，就少不了龙王。东海、南海有龙王，洞庭湖、鄱阳湖也有龙王。不过，偌大八百里洞庭，只不过有一个龙王。抱腹岩的龙泉长宽不到两米，却有五个龙王。在抱腹岩内有座五龙殿，白脸、黑脸、红脸……一字排开，端坐着五个龙王，梁上还盘绕着五条龙。令人称奇的是，五位龙王的侧面还大模大样坐着一位老太太。小孔介绍说："这就是五位龙王的母亲，绵山老母。抱腹岩原来本是五龙的地盘。田志超来此修行之初，绵山老母慧眼识人，看出这个和尚来历不寻常。她在棋盘洞邀田志超对弈，以抱腹岩为赌注。绵山老母故意输棋，遂将抱腹岩让与田志超。五龙大怒，发洪水冲向抱腹岩。田志超不慌不忙，伸手托起抱腹岩，你看，岩顶处还有一个巨大的手印。"

据小孔说，五龙见田志超法力无边，甘愿皈依佛门。平时五龙居于龙泉之中，为云峰寺僧众提供饮水。遇到天旱，百姓只要取池中之水祈雨，无不灵验。

细想想，民间传说自有他的道理。山西地处黄土高原，常有旱灾。周边没有什么大江大湖，一旦大旱，汾河常常断流。汾河龙王"巧媳妇难为无米炊"，自身难保，哪里还有水来救急？于是，山西百姓便想到了抱腹岩内常年不干枯的龙泉。

水不在多，有龙则灵，有五条龙，灵上加灵。

在抱腹岩中存有金大定十一年（1171年）汾州军节度使王涛的《谢雨祭文碑》、元至元二十年（1283年）石州太守尹炳的《祈雨灵运碑记》，还有明万历十年（1582年）太原太守孙子仁的《绵山祈雨灵感记》等壁刻。许多游人似乎对这些石碑、壁刻熟视无睹，如果在北美、欧洲发现这个时代的文物，岂不都是无价之宝？

抱腹岩以空王佛宝殿为主，还有释迦殿、阿弥陀佛殿、药师殿、观音殿、地藏殿、弥勒殿、罗汉殿、明王殿等等。除此之外，还有一个莫名其妙的"天所自出殿"，里面供的是一对平民装扮的老头、老太太。可别小看，他们是玉皇大帝和王母娘娘。据说，他们化妆之后来云峰寺听空王佛讲经，听得入神，便留了下来。抱腹岩内涵丰富，想发财的可以拜财神庙。有病的可以拜专科医生。"广嗣峪"专治不孕，送子娘娘庙前香烟缭绕。还有专门看眼科疾病的"眼光殿"。除了昙鸾、田志超等大师的修行洞之外，还有重修铁索的焦丰居士的修行洞。当然，还给当今的人准备了修行洞，且不知是否收费。自古以来，山西人理想结合现实，不拘一格，很会过日子。

凭谁始建正果寺

从抱腹岩去正果寺有三条路可供选择。第一条，从抱腹岩左侧的铁索岭爬上去。只见两条大铁链自上缒下，每根18丈，300多环，坡度75度。想爬上去，手脚并用，不仅要有力气还要有胆量。攀登难度超过了华山的千尺幢。

唐代开元十七年（719年）唐代大诗人贺知章已经60岁了。他居然能够从这里抓住铁链爬上去，身手确实不凡。20年后贺知章再度来到绵山，题记"昔年与亲友俱登抱腹山数重，攀云梯，至今不忘"，他感慨万千："不言生涯志，蹉跎路所艰。"

后来，铁索锈蚀磨损，残缺不全。元代，焦丰和他的外甥圆通和尚重新打造了铁索。铁索重4000多斤，怎么装上去呢？据说，马鸣菩萨来此讲经，派坐骑神马将铁链拖上峰顶，悬挂了下来。焦丰和圆通都修成正果，在正果寺留下了他们的不坏金身。新中国成立后，不知道什么时候铁索不见了，没准儿拿去大炼钢铁了。在1998年重修绵山的时候，人们仿照当年的模式又打造了两条。

指着铁索，陪同的朋友说，年轻的时候他爬过一次。问起小孔，她连连摇头。"爬是爬过，只爬了二三米就不敢了。前面有登天栈道，为什么要玩儿命？"

在她带领下前行数十步，转过一块岩石，果然看见悬挂在峭壁上的栈道。连续几个之字，440级台阶，一直通往山顶。很难想象，当年是如何修出来这样险要的栈道。走栈道是从云峰寺去正果寺的第二选择。走这条路固然比爬铁链容易多了，可是体弱、胆小的人还是举步维艰。

近年，开辟了第三条路，电梯。从云峰宾馆出发，沿着山路，转几个弯，路旁有座庙，庙门就是隧道入口。隧道高和宽约4米。时值初秋，气温尚高，可是隧道内习习凉风迎面而来，不时有水滴下来。难怪看门售票的小姑娘穿着厚厚的绒衣。水平走80多米，登电梯，转瞬之间，直上180米。

走出电梯，已经置身悬崖半空。绕行数十米，只见一座绿琉璃瓦门楼，横额上写"敕建正果寺"。

究竟是哪个皇帝下的诏？据《介休名胜考》记载，是唐太宗下诏敕建正果寺。不过，这一结论很可质疑。还有一位世人并不十分了解的君王。由于他和绵山的缘分不同寻常，由他下诏修建正果寺的可能性更高。他就是后赵皇帝石勒，比唐太宗早300多年。

西晋末年，皇族内讧，有八个王爷相互攻杀，史称"八王之乱"。黄河流域遭到极其严重破坏。民不聊生，饿殍遍野。

石勒（274—333），羯族，山西上党人（在绵山东南不远）。幼时被卖为奴，受尽欺凌，几乎饿死。他有几大特点：

第一，善于骑射，武艺高强。

第二，天性聪颖，智商极高，悟性极好。虽然他不识字，却很爱学习。叫人给他读《左传》、《史记》、《汉书》，听罢就能说出自己独特的见解。

第三，为人仗义，能够团结一群豪杰共事。桃园结义不过刘、关、张三人，石勒以劫盗起家，追随他的十八骑自始至终都是他的骨干。

第四，重视文化教育，重用文人。多谋善断的张宾就是他的诸葛亮。石勒提倡经学，建立太学一所，小学十余所。他亲自到学校考试诸生，按经学程度高低给予赏赐，量才任用。并且下令，各郡置博士、祭酒各一人，学生150人。

第五，石勒由奴隶出身，深知民间疾苦，痛恨官员贪污腐败。他奖励清廉，一旦发现官员贪腐，格杀勿论，毫不宽贷。

据说，石勒的父亲当年曾上绵山求子。《晋书》记载，石勒出生时"赤光满室，白气自天属于庭中"。在中国历史上凡是开国君主出生几乎都有异兆，说说而已，不必当真。

为了反抗残暴的西晋朝廷，石勒在307年起义。在官府追剿之下，不得不选择地形险要、易守难攻的绵山龙头寺，招兵买马，占山为王。毫不含糊地说，绵山就是石勒的发祥地。

短短几年后，石勒拥兵十万。311年大败西晋司马越。318年平定山西、河北。319年在河北邢台称王。330年称帝，改元建平，史称后赵。石勒的实力扩张到淮河流域，和东晋对峙。石勒是中国历史上唯一由奴隶成为皇帝的传奇人物。

石勒具有非凡的军事天才，能征善战，常出奇兵，百战百胜，所向无敌。也许是石勒受尽苦难，具有暴烈的破坏性和报复性。石勒军队攻入坚城,往往烧杀劫掠,甚至血腥屠城。俘获晋朝高官,除了几个不贪污的,全部杀头。

他自我评价:"如果我遇到汉高祖,该做他的臣属,要是遇到汉光武帝,并驱中原,不知谁胜谁负。我是在二刘之间的人物。曹操和司马懿从孤儿寡妇手里取天下,不是大丈夫行事,我不屑为之。"

石勒仅仅用23年就征服了中原,如果再给他几年光阴,也许可以统一全国,建立起一个堪比唐、宋的帝国。可惜,石勒只当了三年皇帝就一命呜呼,享年60岁。石勒死后,继任皇帝的石弘在333年上绵山谒拜,为石勒铸像。随后,内部分裂,皇族火并,在相互厮杀中石虎夺得大权。他的政治和军事才能远不及石勒,残暴却有过之无不及。石虎的暴政只维持了14年,他一死,养子冉闵造反,大开杀戒,几乎把羯族权贵都杀绝了。后赵灭亡之后,中原混战,城头变幻大王旗,乱了200多年。算起来,石勒开创的后赵王朝只延续了17年。倘若石勒有一个优秀的接班人,维持上百年,他的历史地位肯定要高得多,名气也会大得多。和石勒类似的还有秦始皇、隋文帝等,由于接班选人不当,王朝短命还不说,开国君主也往往被抹黑。由此可见接班人的重要性。

绵山龙脊岭上有座城垛式营门,号称李世民的唐营。旗帜招展,游人如织,煞有其事。其实,李渊在起事之前就已官拜隋朝的唐国公,太原留守。整个山西都是李渊的根据地,手下兵强马壮,用不着跑到绵山来据守。真正需要在绵山据寨为营的是刚刚起事没有多少人马的石勒。

在绵山天桥景区有石寨、洞府、议事厅,据说是石勒当年聚义屯兵之处。他从奴隶起家,走过的道路要比李世民父子更为艰难。导游们把石勒描绘成了宋江式的好汉，替天行道，劫富济贫。想象多于史实。把石勒的形象拔高之后，反而降低了可信度。听者真假难辨，只当是民间传说，姑妄听之。如果有位文学家把石勒的故事写出来，肯定轰动一时。绵山的名声有可能超越水泊梁山。宋江做梦都想被招安，最后断送了自己和兄弟们的性命。石勒压根没有想过被招安，在血泊中杀出了一个新的王朝。中国五千年文明史，有许多绝妙的文学题材，何必把一部三国翻拍了一次又一次？

为什么说正果寺很可能是石勒敕建？史书记载，石勒不仅提倡经学还崇信佛教。著名僧人佛图澄在311年投奔石勒，大受崇信。312年石勒大兴佛事，修建寺庙，把儿子们都送进佛寺抚养。在这段时间，石勒活动的重心在山西。在石勒兴建的寺庙当中很可能就有位于大本营中的正果寺。石勒比唐太宗早300多年，正果寺追根溯源，自然以早为本。

正果寺地势险要，岩缝中涌出多处泉水。一条石龙拱起龙身，越过小道，龙头喷出泉水。在碑廊和大殿之间，流水潺潺。

灵应塔，金碧辉煌，雄伟壮观。高69米，塔身明七暗九，从主平面算起，向上七层，向下还有两层地宫。宝塔为八角结构，严格说来，只有最高的三层才有八角。下面各层有一半镶嵌在悬崖之中。唐太宗登绵山时，魏征上奏："塔名拟命灵应，空王佛永佑大唐。"此后，灵应塔屡毁屡建，1940年遭到侵华日军炮轰火烧，彻底平毁，2003年在原址上修旧如旧。

灵应塔内从一层到七层，分别描述空王佛转世，田志超出生、读书、礼佛、得道、显灵、弘法以及唐太宗敕封等一系列故事。在地宫一层内珍藏着铜钟、锡杖等文物。在地宫二层，中央是正在讲经的空王佛，周边墙壁上的浮雕是来自四面八方的神佛、菩萨、罗汉。连神鹿、孔雀也安静地聆听经文。雕刻生动，配以灯光，气氛庄重而又神秘。

弥勒殿始建于南北朝时期。316 年，石勒攻打据守太原的刘琨失利，在此设谯超度亡灵。据说，弥勒佛显灵，石勒得佛祖庇佑，再战取胜，遂于 332 年敕建弥勒殿。此殿结构奇特，好像一个横置的窑洞，老百姓叫作"枕头窑"。

我正在仰视佛像，忽然听见导游小孔在叫："跟上来呀！"左右环视，不见踪影。原来她已经从佛像左侧的一个小门钻了出去。循声而去，只见后院一排修行洞。洞深和高度皆不及两米，大概只能盘腿坐在里面修行。洞前有一眼泉，据说，饮此水，哑巴能言，盲人复明，颇为神奇。

正果殿，庄严肃穆，供奉着八尊和尚的真身舍利。唐代有思本、怀德、师显（就是喝了修行洞的泉水之后能够开口说话的）；宋代有智玄、明哲；金代有普钦；元代有神远、圆空。殿前碑廊中镌刻着八位大师的生平事迹和后人的咏叹。

高道殿正中供奉介子推。两旁分别是玄虚、玄智、松风、松竹四位道人的真身舍利。

和尚念佛经，道士念道经。和尚修成正果叫作圆寂涅槃，道士修成正果叫作羽化升天。绵山的真身舍利中有和尚也有道士，可见，是否练成真身舍利和念什么经并无关系。一句话，心诚则灵。无论是和尚还是老道都能修成正果，殊途同归。绵山包容万象，无限神奇。

灵应塔和周边庙宇、建筑顺应自然，天人合一，和悬崖绝壁融成一体。仔细观察，建筑师用了夸张、对比、借景、引申等多种艺术手段，却又浑然天成，让人看不出来修饰的痕迹。好像每样东西就是应当在那个位置，想变动一下都难。该原始的地方就素面朝天，该装潢的地方就金碧辉煌，毫无造作与商业俗气。设计正果寺的建筑师是位天才！不仅建筑学功底深厚，而且是用心之作，一招一式都流淌出心底的情感凝结。

难怪塔旁石碑上，金代诗人马天来写道：

策杖秋山曲径斜，
枫叶霜染正春花。
同来共向山中饮，
醉倒寺中不问家。

天下第一道观——大罗宫

听说大罗宫是天下道家第一宫观，有些不以为然。话说得是不是有点过头？江西龙虎山的天师府，湖北武当山的紫霄宫，无论是从历史还是建筑面积上来说都不同寻常，大罗宫还能超越这些道教圣地？来到大罗宫跟前，不由得惊呆了。且不说大罗宫有多大，天下居然还有竖着修的道观！

庙观建筑大多有一条中轴线。进了山门，右钟楼、左鼓楼。晨钟暮鼓。沿着中轴线依次是天王殿、弥勒殿、大雄宝殿、藏经阁。走过一进院子，意味着上升一个层次。可是，绵山大罗宫却将这张平面图拎了起来，垂直地挂在悬崖上。大罗宫上下13层，高差110米，面积三万多平方米。沿着陡峭的山坡，一层层分布着财神殿、救苦殿、三官殿、六十元辰、斗姆殿……好在道教中神仙谱系繁杂，哪怕殿堂再多也不愁没神仙住。

搭乘电梯，越过各路神仙驻地，直接来到8层。三清殿前，山门、钟楼、鼓楼一样都不少。唐玄宗登临绵山时曾下诏重修三清殿，说明在此之前三清殿就已存在，屈指算来已有1300多年。

三清殿正中供奉玉清、上清和太清三位天尊。下面配祀四大天师：张道陵、葛仙翁、许旌阳、萨守坚。道教神仙众多，许多现实中的人物也跻身仙班，难免出现争议。谁也说服不了谁。其结果，道家的门派特别多。好在道家比较宽容，你拜你的，我拜我的，要尊崇谁就尊崇谁，井水不犯河水。从来没有听说过为神仙的选拔打过宗教战争。

各路神仙的住所分为上下33重天，三清居住在33重天之上。原始天尊住在玉清境清微天，灵宝天尊住在上清境禹俞天，道德天尊住在太清境大赤天。我不知道玉清、上清和太清这三层是否还有高下。在这三层之上叫作"大罗天"（在这里"大"应该念"代"）。大罗天中的宫殿叫大罗宫，高得不能再高了。

大罗宫明四层，暗六层。正殿门前几组铜铸的仙鹤栩栩如生。从下到上，依次为众妙堂、讲经堂、混元殿、诸神殿、藏经阁。底下两层展出了在开发绵山过程中从废墟中挖掘、抢救出来的佛像、碑刻等各式文物。

讲经堂门前八根大红立柱上盘绕着金龙，仿佛正在聆听殿内老子宣讲经文。太上老君高居讲台之上，高深莫测。小孔指着旁边的两把空椅子说："这是给来这里讲演的人留的。"

我答道:"开什么玩笑!道可道,非常道。有谁敢在老子面前谈经说道?"

大殿两侧和背后是木刻版《道德经》。请全国著名书法家每人抄录一章,阳刻在108块花梨木上,其中有启功、赵朴初、刘海粟等大师。为便于一般人阅读,下面用正楷阴刻。为了让外国人也能学习,墙围下面的46块汉白玉上刻录了《道德经》的英文、日文译本。

小孔神秘地说:"当年光买这些花梨木就用了7000万元,现在可不得了,涨疯了,值3亿多元!"

"好人好报。与其胡乱花钱,吃喝玩乐,还不如搞点文化建设,留存千古。"

登梯再上一层楼。我正纳闷,已经拜过了道教三清祖师,又聆听了老子讲经,还有什么保留节目?

最高一层,殿名"混元殿"。供奉的是三尊原始古神:无形天尊、无名天尊和无上元君。也许是绵山大罗宫的创新,而且这个创新是有根据的。《道德经》说:"道生一,一生二,二生三,三生万物。"《清静经》说:"大道无名,长养万物;大道无形,生育天地;大道无情,运行日月;上极无上,天中之天。"不知道是什么原因,大罗宫把无情排除在外,选录了无名、无形、无上。

基督教认为上帝在七天内创造了人和万物。道教的创世学说更形象,也更生动。

创世之前,什么都看不清楚,一片荒莽混沌,这个时期交由无形天尊主宰。

第二阶段,宇宙尚且处于原始状态,连个可以称呼的名字都没有,由无名天尊主宰。

在渡过了无形、无名阶段之后，无上元君登场，生育了太上老君，从此开创了世间万物。

在大罗宫，将无形、无名和无上形象化。令人大开眼界。

无形天尊身着赭袍，盘腿席地而坐，背景是一片云海。不仅有形，而且还非常庄重，若有所思。有个问题不知道该不该问，既然是无形，怎么能看得见呢？

无名天尊身着红袍，抱膝而坐，虽说无名，身后的壁画上已有众神成群结队地前来朝拜。又是一个似乎很愚蠢的问题，既然无名，该怎么称呼呢？

无上元君身着绿袍，正襟端坐，慈眉善目，俨然一位贵妇人。身后朝拜的众神举起华盖和各式仪仗，为人类始祖的降临做好了一切准备。

妙哉！无限的想象空间，任君驰骋。缺乏想象力的民族，必定缺乏文化底蕴，缺乏创造能力。

在混元殿上面是群仙殿。正中是洪钧老祖，右面是元始天尊、道德天尊和南极长生大帝；左面是正一天尊、灵宝天尊和救苦天尊。元始天尊是玉清，灵宝天尊是上清，道德天尊是太清。老子一气化三清，道源归于一统。三清已经到齐，如今又跑出来一个地位更高的洪钧老祖，还来了说不清来历的三位客人（南极长生大帝、正一天尊和救苦天尊）。究竟道教还有没有一个终极权威？无论怎么解释，随意性太强，给人一种松散、混乱的感觉，有点画蛇添足。

再登一层楼，藏经阁。在300多平方米的大厅里藏书万册。难得之处是沿墙的石刻中不仅有道家的《清静经》，还有佛教的《金刚经》、儒家的《颜氏家训》等。兼收并蓄，有容为大。藏经阁最高，说明：万般皆下品，唯有读书高。

大罗宫外，峡谷幽深，壁立万仞，气势磅礴，地势极为险峻。小孔说："对面看得见，一天爬不过。我们站的是介休地界，沟对面是灵石，山后面是沁源。绵山一吼响三县。"

我端详着对面的绝壁，如果再修一座庙，该从哪里入手？看来看去，不得要领，真的佩服我们的老祖宗，设计、修建大罗宫，太有才了。

忠孝楷模介子推

绵山有佛有道，可是开山祖师是春秋时期的介子推。清明节依据的就是介子推的故事。

根据《左传》、《史记》记载，春秋时期，介子推辅佐晋文公屡立大功，功成身退，偕母隐居绵山。晋文公几次派人请他出山，介子推不为所动，躲了起来。晋文公无奈，放火烧山，意欲逼介子推出山。没料到介子推宁死守志，不为名利所动。在儒教传统中介子推是高风亮节、忠孝清烈的表率。

绵山旅游服务中心是一座具有汉阙风格的建筑。规模宏大，题名"寒食清明之源"。阙前耸立着介子推的铸铁塑像。像高9米，巍峨庄重。底座下部为火焰，中部为吉祥云纹，间有白鸦飞翔。据东晋王嘉《拾遗记》："晋文公焚林，以求介子推。有白鸦绕烟而噪，或集子推侧，火不能焚。"老百姓不愿意让忠臣贤士受委屈，给介子推安排了一个成仙的结局。人们对待稍后的屈原、伍子胥等先贤不也是这样吗？全国供奉介子推的庙宇有20多处，以绵山为首。因此，绵山被称作清明节风俗的起源。

介神庙依一处巨大的洞穴而建，高18米，宽30米，深

28米。据《晋书》记载,石勒曾下诏称介子推为"朕乡之神","立祠堂,给户奉祀"。北魏时郦道元在《水经注》中写道:"绵水出介休县之绵山,北流经石桐寺西,即介子推之祠也。"由此推断,介神庙始建距今已有两千多年。

殿内介子推像高11米,正气凛然,肃穆庄重。汉代名臣宋昌、后赵石勒、唐太宗、唐玄宗、宋代宰相文彦博、明代晋王朱㭎等帝王将相、名人贤士曾来此拜祭介子推。殿中楹联:

清风穆穆,为忠臣,为孝子,千古仪型;
明月朗朗,是志士,是仁人,万世楷模。

不仅歌颂了介子推的高风亮节,还藏头点出"清明"来历。

介神庙前耸立八根大柱,据记载,为战国时期段干木始建。分别镌刻"忠孝仁信,礼义廉耻,慈俭温良,谨让谦和"十六字箴言。在柱子背后还刊刻着对这16个字的诠释。

欲拜介公墓需攀登两千多级台阶。好在有缆车直通山顶。沿着鹅卵石铺就的小路,穿过镌刻着"忠孝"、"诚信"的石坊,就到了介子推的墓。

墓前有十余石碑,上面镌刻历代文人追怀介子推的诗文。墓旁有棵柳树,据说介子推母子被烧死在此树下。晋文公削柳木为履,悲呼"足下"。因之在这里修了"足下亭"。次年,柳树再发新芽,更替不绝,人称"清明柳"。

可惜,介公墓前游客罕至,有几分冷清。

当前物欲横流,人心不古,正当好好提倡一下中华文化的精华。绵山的历史人物有文有武:文有介子推,武有石勒。介子推是忠孝的典范，石勒是艰苦创业的大英雄。绵山有众多真实的历史人物，在帝王将相中有石勒、唐太宗等，在文学家中有贺知章、王维、苏东坡等，在宗教界有昙鸾、田志超等。

绵山有儒有道有佛，寓教于游，绵山是个好地方。

开发绵山的功臣

绵山历史悠久，文物众多，本应成为著名旅游胜地。可是，在很长时期内由于地形险峻，交通不便，让人望险途而生畏。有史记载，绵山遭遇三次火灾。一次是晋文公放的火，还有两次是日本侵略军放的。1940年和1942年日本鬼子大扫荡，抢光、杀光、烧光，正果寺、云峰寺都被烧毁。绵山历史遗迹损失惨重。使得绵山被尘封在深山老林之中，鲜为人知。

介休有个民营企业——三佳集团，靠炼焦起家。1995年，在当地政府的大力支持下，董事长闫吉英决定投资数亿元开发绵山。这在山西全省乃至全国都极为罕见。投资旅游景区，风险很大。各地不乏投资失败、血本无归的案例。要害在于看得准，拿得下。开发旅游景区的初期，往往是有投入而鲜有回报。即使认识到绵山开发后盈利的潜力，没有雄厚的资本支撑也是无济于事。必须能够挺住，坚持下来。闫吉英做到了这一点。

有些民间资本投资旅游业，往往目光短浅，急于求成。许多人造景点不伦不类，粗制滥造，俗不可耐，开张不久就宣告倒闭。江阴的一个乡镇企业很有钱，盖了一堆"炮楼"，供奉各路神仙，毫无章法，令人哭笑不得。有些地方把县、市办公楼盖得像白宫，再修个偌大的广场，谁都不知道能派什么用场。虽然我没有见过闫吉英，可是，从景点的构思和布局可以看出，闫先生是一个很有艺术天赋、格调高雅的人，懂得审美，舍得投资，精工细雕，追求完美。山西临汾有座华门，别出心裁，堪比巴黎的凯旋门。主持者是尧都区的原区长宿青平。他向民营企业募捐，无论设计还是施工，事无巨细，身先士卒，冲锋在前。华门建成之后，毁誉参半。宿青平不得不挂冠而去。闫吉英则不同，他花的是自己的钱，全力以赴，放手一搏，不怕别人说三道四。显然，闫吉英成功了。无论如何，绵山以全新的面貌屹立于三晋大地，并且将作为全民族的一份文化资产，代代相传。

在三清殿前，有一个铜铸的香炉。好像一座门一样，导游小孔指着两旁的楹联念道："吉建圣境凌云古罕，英绩福德万代相传。这里藏着我们董事长的名字。上下联的第一个字合起来就是吉英。姓呢？你看，这不是一座门？里面插三炷香，岂不是个闫字？闫吉英。"

我没有问她，倘若"闫"字写成"阎"该怎么办？

小孔接着说："光绵山日常施工、运作就雇了两千多人。来的都是周边村子里的乡亲。绵山投资十几个亿，除了一些特别难的活儿，像修路、盖房子都是由我们集团的人自己干，省下好多钱。要不然怎么也不够。"言语之间，小孔对他们的董事长充满敬佩之情。

我打趣道："小孔，你这么给老板说好话，如果我见到你们的董事长，一定请他给你加工资。"

小孔笑个不停："我认得他，他却认不得我。管他是谁，我喜欢绵山，这绵山是我们老百姓的。"

2012 年 9 月

北岳恒山悬空寺

——北岳记行

浑源的黄芪羊肉

人常说,三山五岳。

三山是传说中东海的蓬莱、方丈、瀛洲。五岳是东岳泰山、南岳衡山、西岳华山、北岳恒山、中岳嵩山。三山是神仙住的地方,虚无缥缈。五岳在人间,脚踏实地。泰山、华山和衡山都靠近铁路线,去过的人较多。嵩山距离洛阳不远,脚下有座少林寺,许多人慕少林寺之名而去,随带逛了嵩山。唯独北岳恒山好像脱离尘世,远在天边。

其实,恒山就在浑源界内,而浑源离大同只有62公里。新修的高速公路,路况很好,车并不多。从大同出发,如同风驰电掣一般,仅一个小时就到了浑源。临出发,同行的崔晋生有几分犹豫,担心浑源的住宿条件不好。他建议还是住在大同,反正不远,第二天去也来得及。我说:"什么样的农舍没有住过?山乡野趣,没准别有味道。"

刚进浑源县城，迎面就是一座高大的酒店"恒山国际大酒店"，四星级，设备相当好。在二楼餐厅，问服务员有什么特色菜。小姑娘得意地回答："土豆，凉皮。"在大同云冈石窟门前我曾见过"浑源凉皮"的招牌广告。既然来到浑源，当然不能错过。果然名不虚传，很好吃，和著名的重庆凉皮并不是一个风格。至于说浑源土豆，我仔细品尝也没有发现和别处的土豆有什么不一样。

崔晋生说："还得来个荤菜。"

服务员推荐"黄芪羊肉"。

黄芪是味中药，在路上看见大标语"欢迎来到黄芪之乡——浑源"。我不知道黄芪是苦是甜，更不知道拿黄芪炖羊肉是什么味道。

端上来一大碗红烧羊肉，用筷子拨拨，问服务员："黄芪在哪儿？"

小姑娘笑道："菜里没有黄芪。我们用黄芪的梗子、叶子喂羊。羊肉鲜嫩，补！"

面对着拐了个弯的逻辑，还不能说碗里的羊肉和黄芪没有关系。无语。

浑源民风醇厚，我们点了3个菜，服务员就说："够了，够了，我们的菜实在。"见我还没反应过来，她用手比划一个脸盆大小的圆圈，"盘子大！"

送上菜来，虽说盘子没有脸盆那么大，可也够"实在"的。

悬空寺，寺悬空

出浑源，城南5公里便进入金龙峡。两壁对峙，一条清澈的小溪从峡谷尽头的大坝脚下奔流而来。举目仰望，在峭壁上居然挂着一座寺庙。上有危崖，下临深谷。据说，山洪暴发时常常淹没县城。为了镇压水怪，人们修建了这座悬空寺。

悬空寺坐西面东，对面的恒山天峰岭给遮阳，上方凸出的崖壁给挡雨，两旁的巨石给挡风。下雨淋不着，烈日晒不着，朔风刮不着，洪水冲不着，难怪悬空寺始建于北魏后期，至今1500多年，依然保存完好。

看起来，悬空寺悬在半空，仅仅靠几根碗口粗的木头支撑着。飘飘悠悠，说不定什么时候就要掉下来。其实，工匠们把十几米长的方木塞进凿好的洞里，只留三分之一在外头。分量全落在那些看不见的木桩上。据说，木桩用的是铁杉木，用桐油浸过，防白蚁也防腐蚀。人们见到的那几根纤细的木柱只不过是用来吸引游人目光的道具。

悬空寺下不知何处飞来一块巨石，上刻着两个大字"壮观"。据说是唐代大诗人李白（701—762）手笔。细看，在"壮"字旁边还多了一点。导游解释，李白认为，这里比壮观还多了一点。800年后，徐霞客（1587—1641）来到这里，他完全赞同李白的观点，还加上几倍，说悬空寺不仅是"壮观"，而且是"天下巨观"。

悬空寺的山门不大，主体有高低错落的六座殿阁。虽说建筑面积只有152.5平方米，却有大小40个房间。如果看平均数好像每间只有4平方米，其实，大的大，小的小，最小的神龛还没有饭桌大。

主殿上下三层，三檐歇山顶，离地三四十米，供奉的三世佛为罕见的丝塑。在蜡胎上裹上层层丝绸，涂漆，撤除蜡胎之后不到一斤重。

在三教殿内，释迦牟尼、老子、孔子并肩而坐。佛教、道教、儒教和谐相处，不分彼此。此外还供奉铜铸、铁打、泥塑、石雕的78尊各路神灵。纯阳宫里有吕洞宾，碧霞宫里有碧霞真君。石壁上还有山神、土地公公和城隍老爷。

各殿之间靠栈道相连。许多地方只容单人通过。游客排成一列纵队，按照指定的单行线，由下层栈道进去，再由上层栈道出来，在各个殿堂间川流不息。倘若有人想在某个殿堂多看几眼，或者摆个造型拍张照，难免让排成一线的人流停顿下来。

脚下的木板并不厚，有些地方咯吱作响。为抗磨损，在楼板和楼梯上布满各种各样的铁钉，钉头被磨得铮亮。扶着栏杆，踏着似乎摇摇欲坠的栈道，穿行在狭窄的楼道中间，爬上爬下，迂回曲折，令人产生几分恐惧，没准轰隆一声，就羽化成仙了。

恐惧是宗教的源泉。

世事无常。人们对于自然界，特别是对于精神领域的认识永远是片面的、不完全的。人们面对着太多无法解释的不确定性，探索永无止境。在解决一个问题的同时又会产生十个新的问题。倘若什么都不懂，傻乎乎的，倒也罢了。无知无畏。怕就怕知道一点，还有许多未知，心中没底，难免产生疑惑、恐惧。既然在精神世界中有那么多不确定因素，哪怕是圣人先贤、帝王将相也会产生无力感和无法摆脱的疑虑。既然如此，莫不如把恐惧交给神、佛、上帝。

踏上悬空寺的第一步就让人不由自主地产生了恐惧感。这一点是其他寺庙、道观、教堂很难达到的境地。

悬空寺和寇谦之

悬空寺的始创者是一位非常重要的道教人物寇谦之（365—448）。他祖籍上谷昌平，也就是如今的北京昌平。在陕西华山、河南嵩山修道，在北魏太武帝拓跋焘时来到大同，被尊为国师。他在临终前留下遗愿，让弟子们修一座空中道观，"上延霄汉，下绝嚣浮"。

《恒山志》中记载，悬空寺始建于北魏太和十五年（491年）。也就是说，寇谦之的徒弟们花了很长的时间来筹资、选址、设计，在他去世43年之后方才开始施工。郦道元在《水经注》中说，悬空寺始建于北魏神䴥四年（431年）。在寇谦之活着的时候就开始修建了。如今，没有必要去追究确切的起始修建年代，但是，从各种说法中可以肯定的是，修建工程非常艰难，绝非一蹴而就，工匠们花费几十年时间才建成了这座独特的悬空寺。

通常，儒教称庙，如孔庙、关帝庙；佛教称寺，如灵隐寺、少林寺；道教称宫、观，例如太清宫、玄都观等等。寇谦之是个道士，为什么"悬空寺"叫寺而不叫观？

也许连寇谦之本人都没有料到，在他去世之后，南朝另外一名著名的道士陶弘景（456—540）倡导三教合流。陶弘景在梁朝影响力很大，号称梁武帝的"山中宰相"。据说，陶弘景就是2015年热播的电视剧《琅琊榜》中的梅长苏的原型。显然，寇谦之的弟子接受了陶弘景的观点，在悬空寺的主殿供奉释迦牟尼、孔子和老子三尊塑像。儒释道三家的老祖宗并肩坐在一起，共享香火。在千手观音殿的石壁上镶嵌着两块金代石碑，歌颂了三大宗教创始人的伟大业绩。虽然我们不知道哪一代寇谦之的弟子在悬空寺中迎进了释迦牟尼和孔子，但是，肯定在辽金之前。

儒释道三教合流是一个历史性的创举，说明中华文化具有广阔的包容性。人常说美国是一个文化的大拼盘，而中华文化则是个大熔炉。正是因为拥有五千年的文明积淀，底气十足，才有这样的气魄敢于承认、尊重外来的文化，并且将之融于自身。虽然中国也有"三武一宗"灭佛，也曾贬斥道家，但是，从来没有出现过极端教派，更没有发生宗教战争。也许正是由于悬空寺主张三教合一，历代统治者都对悬空寺保护有加。既然悬空寺的宗旨是三教合流，叫寺也行，叫观也行，无所谓了。

道教的几次飞跃

为什么寇谦之的弟子们如此开通？是因为寇谦之本人是一个非常开通的改革家。

道教始创于东汉张道陵（？—156），经过他的儿子张衡传给了孙子张鲁。三国时代，张鲁在汉中兴五斗米道，颇有一些空想社会主义的色彩。好景不长，让曹操给灭了。"法力无边"的第三代张天师被曹操绑架到许都，没几天就一命呜呼了。他的子孙逃到江西龙虎山，传承下来天师道。

两百年后，寇谦之"早好仙道，有绝俗之心；少修张鲁之术，服食饵药，历年无效"。寇谦之通过切身经历醒悟过来，决心改造正在衰败天师道。按照道教的辈分，寇谦之没法和张道陵相提并论。如果30年算一代的话，从张道陵到寇谦之的时代，天师道起码已经传承了六七代。寇谦之作为一个玄孙辈的小道士怎么敢去翻老祖宗的案？

寇谦之绝顶聪明，据他说，在北魏神瑞二年（415年），太上老君降临嵩山，不仅授予他天师之位，还赐以《云中音诵新科之戒》二十卷。过了8年，太上老君的玄孙李谱文再度降临，交给他《录图真经》，并传授销炼金丹、云英、八石、玉浆之法。寇谦之的天师地位并不是来自于龙虎山的传承，而是直接得自于道教的老祖宗，比天师道的开创者张道陵还牛。自此，寇谦之另创门户，称为北天师道。

就在这一年，北魏太武帝拓跋焘继皇帝位。寇谦之从河南跑到大同，为拓跋焘出谋划策。在拓跋焘的大力支持下，寇谦之坐稳了"天师"宝座。大刀阔斧地进行了道教改革。

寇谦之的改革"专以礼度为首"，也就是让道家符合儒家的规范。

第一，"除去三张（张道陵，张衡，张鲁）伪法"。努力去除道教中犯上作乱的因子。

第二，废除天师道征收租米钱税的制度。

第三，修订戒律，废除天师道教职的世袭制度，整顿组织，"唯才是举"。

第四，颁布一系列道家经典，用儒家五常作为道士的行为准则。建立了比较完整的教理、教义和斋戒仪式。

寇谦之的宗教改革为道教注入了活力。北天师道挑战了盘踞在龙虎山的正统，在竞争中迫使张天师们不得不相应变革。

又过了800年，南北天师道都衰败了，王重阳发起了另一次宗教改革，创建了全真道。不仅有了新的经典，连服饰、仪轨都变了。全真道迅速传遍北方，王重阳的徒弟丘处机得到成吉思汗的任命，统领全国道家，根本就不承认"天师"的地位。道教得到了又一次新生和飞跃。

一分为二是辩证法的精髓。当一个理论，一个流派陈旧了，老化了，没落了，就会产生新的理论和学派，在竞争中推动社会前进。如今，在剧烈的经济、政治、思想变革中，特别是在"90后"的年轻人中间，出现了相当程度的信仰真空。有些人什么都不信，就信钱。学风浮躁，道德堕落。正规的宗教理应发挥正常的教化作用。可是，无论是佛教、道教还是基督教，传统的宣教很难适应当前的国情。例如，许多年轻人宁肯接受和尚的发型也看不惯道士头上的发髻。他们以看待魔术表演的心态来找寻道士驱鬼的破绽。除了道德经之外，许多道经中鱼龙混杂，尚存不少急需剔除的糟粕。若要取信于青年一代，时代呼唤着敢于推动宗教改革的先锋和大师。

其实，到悬空寺一游，最重要的感悟是推陈出新，敢为天下先。一般的寺庙四平八稳地循序渐进，可是悬空寺打破常规，悬挂在峭壁之上，为建筑界开拓了一个崭新的思路。寇谦之推翻了张道陵设立的陈规旧俗，推动道教改革，成为一代"寇天师"。为什么今天不能出现一个李天师、王天师？寇谦之从老子手中得到了新的经典和天师的封号，别忘了，老子还有师父，叫鸿钧老祖。倘若直接从鸿钧老祖手上接过来一本真经，岂不更加权威？

佛诞朝恒山

恒山横跨山西、河北，莽莽苍苍，绵延150公里。在北宋画家郭熙眼里："泰山如坐，华山如站，嵩山如卧，恒山如行。"不到恒山断难理解这个"行"字。亿万年前的地壳运动挤出来一个恒山。悬崖峭壁上的横向节理特别分明。上一层，下一层，一层又一层，两层之间若有台阶，必然绿荫葱葱。黄色的岩石好似大海波涛，顶着翠绿的浪花，后浪推前浪。郭熙这个"行"字用得真妙。在唐代诗人贾岛笔下，"天地有五岳，恒山居其北，岩峦叠力重，诡怪浩难测"，描述的就是岩峦横向流动的场景。

恒山名气很大。四千年前，舜帝封恒山为北岳。秦始皇封天下十二名山，恒山被列为天下第二。汉武帝、唐太宗、宋太祖、北魏太武帝等君主都曾登临恒山，封禅祭奠。李白、贾岛、元好问等文人墨客留下无数诗文。郦道元的《水经注》、徐霞客的《游记》中都有恒山专论。

汽车穿过隧道，水库边上正在修建一组宫殿式建筑，一看就知道是恒山的山门。崔晋生介绍说："这也是大同市市长耿彦波的业绩。"

我有些奇怪，在太原、大同甚至在常家大院，但凡见到大规模修建好像都和这个耿彦波沾边。崔晋生解释："浑源归大同管。"

我笑道："看起来，大同管的地盘还应当更大一些才好。"

有些人天天见面，却好像并不存在。有的人素未谋面，却处处相逢，令人难以忘怀。这就是缘分。

进山要买票，售票处挤满了人与车。盘山道上车龙首尾相连，络绎不绝。真武庙前偌大的一个停车场居然没空了。

天峰岭与翠屏峰，相对壁立。沿着山路，游客宛若一条长龙向上飞腾，时隐时现。龙头便是高居山巅的恒宗大庙。

估计高差超过 400 米。考虑到下午还要去看应县木塔,那可是世界上三大名塔之一,不能错过。为了节省体力,还是坐缆车吧。

缆车刚动,我就后悔了。登山路上不知道越过了多少大大小小的庙宇楼阁。恒山有"三寺四祠九亭阁,七宫八洞十二庙"之称,其中大部分古迹已在战乱中毁灭,至今尚存寝宫、后土夫人庙、紫微宫、官亭、白虎观、龙王庙、灵官府、关帝庙、文昌庙、奶奶庙、纯阳宫、碧霞宫等。紫微宫和悬空寺有几分相像。北岳大帝的寝宫,完全被夹在石缝当中。

导游介绍说,今天是农历四月初八,佛诞。半夜就有许多香客登山,赶在天亮前在恒宗庙进"头炷香"。我觉得有点奇怪。恒山上供奉的是道教的北岳大帝,好像和佛祖不是一家。成千上万的香客,怎么跑到恒山来给佛祖过生日?转念一想,也对,西方过圣诞,信教的去教堂,不信教的不也是欢欢喜喜地过节。庆祝如来佛的生日,亦不妨到北岳大帝家里恭喜一番,心到神知,不分彼此。

下缆车,路经关帝庙,沿着弯弯的山路走向规模仅次于恒宗大庙的九天玄女庙。九天玄女属于哪路神仙,级别多高,别说一般人弄不清楚,就是道士们的看法也不一样。唐末道士杜光庭,写了一本《九天玄女传》,说"九天玄女者,黄帝之师,圣母元君弟子也"。黄帝的老师是九天玄女,九天玄女的老师是圣母元君,那么,圣母元君的老师又是谁?据说,九天玄女最大的功绩是帮助黄帝战败蚩尤。"玄女即授帝六甲六壬兵信之符,灵宝五符策使鬼神之书,制妖通灵五明之印"等,于是"遂灭蚩尤于绝辔之野,中冀之乡"。在道教经典中有《九天玄女救世真经》与《九天玄女治心消孽真经》。具体讲什么内容，很少有人明白。除了道教十三经之外，许多道经都欠缺哲学内涵和内在逻辑。这样的道经没人褒贬，不读也罢。

在《水浒传》的第四十一回里，宋江被官兵追赶，躲进了九天玄女庙。九天玄女不仅施法术救了宋江，还授他三卷兵书，从此宋江才懂得用兵打仗。看起来，九天玄女通兵法，善用兵，是个女将军。古希腊的战神中有男有女，在华夏文化中女性战神极少，九天玄女尤为可贵。不知道为了什么，端坐正中的九天玄女既无盔甲又无兵器，俨然一副正宫娘娘的气派。

北岳是八仙之一张果老的地盘。在停车场有尊张果老倒骑驴塑像。《太平广记》中说，张果老骑头白驴，日行数万里。到目的地后就折叠起来，放进箱中。要用的时候，喷口水，念几句经，活生生又是一头毛驴。人们常常抱怨，又要马儿跑，又要马儿不吃草。对于企业老板来说，还是张果老的毛驴好啊！除此之外，人们对张果老所知甚少。据说是唐玄宗还曾经召见过他，赐号"通玄先生"。不过，正经史书上查不到这项记录。好在混迹于八仙队中，没人计较他的来历出身。谁说张果老没来过恒山，请看果老岭上的石板，上面不是明显有几个驴蹄印吗？

五岳的劳动分工

恒山大庙建在陡坡之上。进了山门就要爬103级很陡的台阶。许多佛寺门前台阶都是108级。据说，人间有108种烦恼，爬过一级就抛掉一份。莫不是北岳大帝还给香客留下个伏笔，消不尽烦恼？没关系，下次再来。

恒宗庙前，摩肩接踵，香火极盛。

在登恒山之前，我一直以为恒山的北岳大帝就是真武大帝。没料到，进了恒宗大庙之后方才知错。真武大帝是个威风凛凛的武将，而北岳大帝却是个文官。最奇特的是北岳大帝不是终身制，500 年换一任。

是选举的还是任命的？没人理这个茬。古代没有选举，很可能是天帝任命的。那么。选择下一任北岳大帝的原则是什么？既然北岳大帝是个文官，估计用不着摆战功和武艺，是不是要考核一下学问和政绩？

为什么任期是 500 年？倘若按照道家理论，洞中方一日，世上已千年，那么，500 年才折合半天。每半天就换一个头头，不嫌麻烦？

恒宗庙前有块"五岳真形图"石碑。从汉字的字形来界定，五岳分别代表五行的水木金火土。东岳属木，南岳属火，西岳属金，北岳属水，中岳属土。

最绝的是，"五岳真形图"还给五岳分了工。北岳恒山，主世界江河淮海兼四足负荷之事。东岳泰山，主世界人民官职及定生死之期兼注贵贱之分，长短之事。中岳嵩山，主世界土地山川兼牛羊畜产食饫之事。西岳华山，主世界金银铜铁兼羽翼飞禽之事。南岳衡山，主世界星象分野兼水族鱼龙之事。

劳工分工是促进社会进步，提高劳动生产效率的重要动力。没想到道家居然给五岳分了工。北岳五行主水，分工负责江河湖海，理所应当。不过，碑文上明明白白刻的是"江河淮海"。莫不是写了个错别字？北岳第二项职责是负责四足负荷之事。张果老的毛驴，四足负荷，是不是四足负荷的牛马骆驼等都归张果老的毛驴领导？显然，东岳泰山的职权最重。执掌组织部大权。要升官需拜泰山。更厉害的是泰山还掌管生死之期。老百姓的俚语说，阎王叫你三更死，谁敢留你到五更。泰山岂不是抢了阎王的生意？

五岳分工只不过说说玩玩。要害是分工之后如何执行。恒山分管江河湖海，渔民出海前拜妈祖，却从来没有人拜北岳大帝。北岳恒山位于晋北，缺水的地界。倘若四海龙王皆归北岳大帝管辖，还会闹水荒吗？

我从来不反对别人编些故事。哪怕牵强附会，只要好听有趣就好。从希腊神话到安徒生童话，把大地山川、春夏秋冬、飞禽走兽人格化，让人们心目中的世界更加丰富多彩。不过，有的时候道家编故事不大注意内在逻辑，显得粗糙了一点。

"五岳真形图"远不如北岳庙内的"北岳恒山图"碑刻。这块碑刻于金大安二年（1210 年），详细描绘了北岳恒山的区域范围以及周边的河流山脉。在图上可以清晰地看到浑源县城（当时叫曲阳）的城池街道。在宋金时代中国已经有了如此精准的测绘技术，正如李约瑟论证的那样，当时中国的科学技术水平高于欧美列国。

为什么中国在近代落后了，这就是著名的"李约瑟之谜"。我的朋友文贯中教授写了好几篇论文，试图解释中国科学技术在近代落后的原因，读后颇有启发。不过，从恒山大庙的两块石碑来看，"北岳恒山图"讲的是科学，"五岳真形图"讲的是玄学。如果玄学占了上风，很可能空谈误国。

2013 年 5 月 17 日

香火千秋在云冈
——大同记行

独香火依样千秋犹存

2013年5月16日,我第二次去云冈石窟。记得在32年前,我偷偷去过一次。1981年,我在全国物资工作会议上宣读了钢材优化分配论文。会议结束后,大家都订了第二天经石家庄回北京的火车票。为了看看云冈石窟,我悄悄买了张经大同去北京的火车票,当晚出发,摇晃了一宿,在大同下车时天还没亮。那个时候游山玩水属于资产阶级思想,生怕别人知道。我在大同玩了一天之后再坐夜车去北京。次日清晨准时赶去上班,神不知,鬼不觉。

记得当年公共汽车一出大同就行驶在沙石路上,身后长长的一条尘龙。云冈石窟除了佛像雕塑之外什么都没有。没有围墙,也没人收门票。干枯的小河旁簇拥着一堆矮小的农舍,空气中弥漫着马粪气味。一切都是"原生态"。

故地重游,感慨万分。云冈石窟的外部环境变得几乎不认得了。从停车场拾阶而下，游客服务中心设计新颖，不显山不露水，和周边融合一体。往日的荒沟被整饬一新。在湖心岛上飞来一座灵岩寺。山门前耸立着昙曜塑像。骨瘦嶙峋，目光刚毅。如果没有他在 1500 年前艰苦奋斗，哪里来的云冈石窟？

穿过山门、七孔桥，行走在佛光大道上，眼前的大殿和两侧的角楼古朴庄重，汉晋风格，气势磅礴，建筑设计水平相当高。唯独屋脊上的祥兽的比例似乎大了一点。我猜想，在设计灵岩寺时没准参考了汉墓和北魏墓出土的砖刻。倘若如此，祥兽的比例可能被夸大了。落在屋脊上的祥兽是专程来迎接墓主人升天的，如果按照真实比例，在咫尺方砖上还能看得见吗？为了醒目，在墓砖上只好将祥兽的比例画大一点。不过，究竟该有多大，恐怕谁都说不清楚。不过，大就大点，不碍事。

在大雄宝殿前高悬一副对联：

十里河畔，洗尽古今风云人物，好梦都成百年恨，唯大佛泰然万念俱空。

武川山下，看破天地苍桑世事，痴情皆为终身累，独香火依样千秋犹存。

我连声道："写得好。看空而又不空，超脱而不悲观。"

不知道什么时候，身后来了一位灵岩寺的长老。他说："施主好眼力！写这副对联的是大同市的市长耿彦波。"

我大吃一惊，大同市长居然有这等水平。

和尚说："市长信奉佛教。"

我笑道:"信即为空,空就是信。一通百通,无所谓信与不信。"

和尚会意,也一笑。崔晋生介绍,耿彦波在大同市长任内主持重修云冈石窟,不知道克服了多少困难和非议,才有今天的局面。

我很感动,前有昙曜,后有耿彦波,大同之幸。

不拜君王自拜佛

云冈大佛,庄严依旧。

有人说,佛像造型必然有几分折射当时万岁的容颜。我信。

以洛阳龙门石窟为例,奉先寺卢舍那大佛,丰满圆润,眉如新月,安详自在,俨然一位富态的贵妇人。是否有几分像武则天?反正没人亲眼见过武则天,她也没有留下任何影像资料,姑妄言之。不过,史书记载,武则天曾经赞助奉先寺脂粉钱两万贯,只要她带个头,大小官员该干什么还不清楚吗?

和洛阳龙门奉先寺相比,云冈石窟的开凿要早 300 多年。按此推理,云冈石窟的佛像很可能体现了北魏君主的形象。佛像广额丰颐,高鼻深目。鲜卑族中有白部鲜卑,据考证具有白人的 DNA 基因。仰望大佛,能感受到草原豪杰的剽悍坚韧,壮志凌云。非如此怎么能够建立一个统一北半个中国的北魏王朝?

在北魏太武帝时,法果和尚来到平城朝见拓跋焘,说:"能鸿道者人主也,我非拜天子,乃是礼佛耳。"言下之意,君王即佛祖转世。可是,拓跋焘并不买账,公元 455 年下诏灭佛。拓跋焘病逝之后，他的孙子拓跋睿（文成帝）即位，恢复对佛教的崇拜。昙曜在太武帝灭佛时被赶出京城，又被文成帝请了回来。460 年，昙曜指挥开凿云冈石窟工程。在昙曜心目中，佛像的模特可能有三个选择：第一，差点杀他头的北魏太武帝拓跋焘，第二，有恩于他的当今皇帝拓跋睿，第三，拓跋睿的老爹，恭宗拓跋晃。

不妨推断一番。佛像的模特是拓跋晃的可能性最小，因为他尚未登基就被杀，没有文治武功，纪念他的意义不大。虽说文成帝拓跋睿是一个大有作为的英主，但是登基不久，尚未建立任何丰功伟绩。在拓跋睿的眼目中，拓跋焘是北魏王朝的开拓者，南征北战，所向无敌，彪炳显赫，是他崇拜和学习的榜样。因此，拓跋睿祈祷爷爷在天之灵保佑，授意工匠按照祖父的面容塑造佛像。这种可能性比较大。

大同是个煤炭和重工业城市，空气污染极为严重。云冈石窟无可避免地受到损害。最精华的第十一窟和其他几个佛窟已经关闭大修。

修复古迹的悖论

离开云冈，直奔大同城里的华严寺。城门在修，绕过去，路也在修。左绕右绕，总算到了华严寺前的步行街。已是正午时分，崔晋生想找家高级饭店，我说："撞上哪家算哪家，就在路边这家好了。"

饭店门前坐着一个老头，见我们的车子减速便站起来挥手，招呼我们过去。在路牙一尺开外有个铁三脚架，老头手里铁钩一勾，把三脚架拖靠路牙，指挥我们的车子停上了人行道。嘴里念叨:"烤兔肉,焖驴肉,香着呢!"

吃罢饭,我们没开车,直奔华严寺。饭店看门的老头不乐意了。

他挥挥手,让我们把车开走,威胁说:"来人贴条,我可不管。"

崔晋生说:"我把你们饭店的收据贴上,管用吗?"

老头挥挥手里的铁钩,嘟囔几句本地话,崔晋生翻译说:"饭点已过,没啥人来吃饭了,要去你们就去吧。"

大同城内古迹甚多,首推华严寺和善化寺。华严寺始建于辽,距今970余年。山门面阔五间,进深三间,庑殿顶,号称全国第一。大雄宝殿面阔九间,进深五间。无论从规模还是从建筑结构上来讲都是现存辽金建筑之冠。华严寺有辽代的基础,金代的建筑,明代的塑像,清代的壁画,声名遐迩。

薄伽教藏殿的辽代彩塑具有极高的艺术价值。其中"合掌露齿菩萨"被誉为东方维纳斯。有些人认为中国古代艺术注重写意,不懂人体解剖,塑造出来的人物比例失调。孤陋寡闻。倘若他们看见华严寺的塑像,就知道我们的老祖宗对人体结构的了解绝对不亚于米开朗基罗。"合掌露齿菩萨"头戴宝冠,身材修长,半裸上身,肌肤丰馥,锦带飘飘,双手在胸前合十,皓齿微露,欲笑且止。许多艺术家不远万里跑到山西来就是为了一睹菩萨法相为快。

在大雄宝殿上佛祖和菩萨金碧辉煌,可是,在薄伽教藏殿内,塑像身上似乎落满灰尘。导游解释,由于前些年大同的空气污染特别严重,空气中的煤灰和彩塑发生化学反应,无法去除。

在大雄宝殿，我仰面端详着砖台上二十天塑像。神仙们有男有女，每个身高 2.8 米，神态表情塑造得极为丰富、生动。一个人走过来，悄悄地把木栏摆在我面前。木栏上写着"请勿靠前"。

我们相对一笑，他带着几分抱歉解释说："不好意思，我刚才拍照时把阑干搬走了。"

这时，我才注意到远处有个三脚架，上面的相机有点古怪。

摄影师解释说，他奉命把所有的文物都拍照存档。为了保护文物，不能用普通闪光灯，他的相机用的是胶片，曝光 2 分钟。我很惊讶，"现在还有冲洗胶片的地方吗？"他说："只有北京、上海还有些专业单位有。若要存档，还是胶片资料更可靠。"

他感叹道："山西有太多的文物值得保护。如果再不采取措施，许多文物将不复存在。"他指着墙上的壁画说："这些都是根据我们拍摄的资料重新画上去的。原来的壁画已经斑驳损坏，没法看了。"

我们面对着一个两难的选择：如果不整修，文物就永远丧失了。如果整修，看到的就已经不是原物。整修还是不整修？

难得有个耿拆拆

在华严寺前修建了一个好大的华严广场。在善化寺前，正在修建城墙。

大同城的中轴线已经延续了 1600 多年。古城墙在历史上就很出名。北魏拓跋王朝再次定都，修建了土城。隋、唐、辽、金、元，不断增修更新。1372年，明代大将军徐达在元城墙的基础上砌砖建楼，形成了南北1.75公里、东西1.5公里的"巍然重镇"。每面建望楼12座。四个城门都带有瓮城和月城。可惜，在近代，大部分古城已毁。如今在耿彦波的主持下，全面动工，修复古城。对于耿彦波来说，没有犹豫，说修就修，说拆就拆。我赞成修复大同城墙，不过，修复之后城中民居是否保留？难道把整个古城都当作博物馆？不知道耿彦波对这些问题是否有答案。

大同城里到处施工，远远望去正在修建一大片仿古建筑。崔晋生问："莫不是还要修个庙？"

我端详一阵子，"不像。看样子也许是修复当年北魏的皇宫。"

等北魏皇宫修复之后，我一定再来大同。耿彦波，加油！

次日，我去榆次的常家大院。《修复常家大院碑记》的作者还是耿彦波，时任榆次市委书记。在"文化大革命"时，常家大院被当作荣军疗养院，保存了一半。多亏耿彦波做主在2000年重修常家大院，保留了山西文化的一件瑰宝。

我一到太原便遇上堵车。心中奇怪，北京堵车尚有情可原，怎么太原也堵车？原来耿彦波刚刚从大同调到太原当市长。他上任几个月便制订了太原市区改造计划，准备放开手来修几条高架路，从根本上改善太原的交通。几条干线同时开工，把车流挤到支线上来，岂能不堵？

走到哪儿都能碰见耿彦波，岂不是缘分？

崔晋生介绍，耿彦波有个绰号"耿拆拆"。走到哪儿就拆到哪儿。还有人叫他"耿指导"。不是指导工作，而是指哪儿，哪儿就倒。我听后哈哈大笑："不破不立，不拆老房子，上哪儿盖新房？"拆和建是对立的统一。不仅要看到他拆，还要看到他建。观察一个干部是否得力，要看他是否盖出一些足以流传后世的杰作。

在太原晋昇苑做了一场报告后，打道回京。在车上看到《太原晚报》上刊登了太原市长耿彦波的一段讲话：要树立"为人民服务，让人民满意"的政绩观；"多留遗产，少留遗憾"的发展观；"踏石留印，抓铁有痕"的执行观；"为官一任，造福一方"的人生观。

在《太原晚报》的报道中，耿彦波引用了岳麓书院的一副对联，"是非审之于己，毁誉听之于人，得失安之于数"。

我没有见过耿彦波，甚至在几天前还没有听过这个名字。不过很愿意替他讲几句公道话。干活就会得罪人。耿彦波到处拆，怎能不招惹怨恨？还能没有争议？在干部考核中少不了有人嫉恨、告状甚至陷害。俗话说，树大招风，出头的椽子先烂。如今，不少官员只知道吃喝玩乐，吹牛拍马，不是庸才便是奴才。为官一任，一无所成。上哪儿去找像耿彦波这样的好干部！

在保护和发扬传统文化上，山西出人才。在临汾，原尧都区的区长宿青平修了一座华门。据说他没有动用国家行政预算，而是向民间企业家募捐。他亲自参与设计，施工，终于建成了一座堪比法国凯旋门的华门。在参观华门的时候看到"四大明君"、"四大外交家"、"四大文学家"等，我质疑说："评选'四大'有标准吗？难免引起争议。"

当地的朋友紧接着说："可不是吗，宿青平就是一个有争议的人物，最后给调离了。"

这个回答实在出乎我的意料。有争议并不是坏事。向民间企业家募款,用来修建华门,要比贪污腐败不知道强多少倍。没有争议的干部,大多唯唯诺诺,一无所就,看起来似乎是个好好先生,要这样的官员又有什么用处?

介休有个民营企业家阎吉英出资修复绵山。绵山是春秋时期忠臣介子推故地。石勒起兵,李世民屯兵,空王佛升天等许多典故出自于此。可是,交通不便,缺乏资金,使得绵山鲜为人知。阎吉英开发绵山,虽然他的企业发展受到一定影响,却给山西留下来一笔丰厚的文化遗产。有人说他不务正业,也是一个有争议的人物。

一顶"有争议"的帽子,不知道扼杀了多少人才,寒了多少能人志士的心!

世无人妒唯庸才。怕就怕那些没有争议却碌碌无为的老好人。

在华严寺有副对联,很好。

  世事熙熙,从来富贵无了局,到此说了就了。
  人生攘攘,自古名利难放下,与斯当放便放。

当干则干,管人家怎么说。

2013 年 5 月 16 日

民间王府的来世今生
——常家大院记行

民间王府逢盛世

出太原南行30余里,远远看见一座高大的城楼,便是号称民间王府的常家大院。

常家庄园始建于雍正年间,在此后150多年里不断地增修扩建。楼台亭阁,栉比鳞次,雕梁画柱,富丽堂皇,占地300余亩,房屋近3000间,号称晋商大院之最。

在后花园内有块《修复常家庄园碑记》,撰写者是耿彦波,时任榆次市委书记。他高度评价常家大院,"皇室建筑之冠,北京故宫也,商居规模之首,榆次常家也。因而,故宫有中国皇冠之谓,常家有民间故宫之称。""发轫于明末清初,鼎盛于清朝中晚期之常氏家族,以财取天下之雄才大略,敢为人先之豪迈气魄,历经万难之创业精神,开拓中俄、中欧万里茶叶之路,开启近代中国海外贸易之先河,见高识远,深谋远虑。"

其实，如今看到的常家大院只是当年的一部分。常家大院分为南和北两部分，人称"南常"和"北常"。1949年，解放军攻太原，两军在榆次大战，阎锡山的军队据南院死守，在炮火硝烟中南院被荡为一片废墟。在随后的"土改"和一次又一次的政治运动中，常家大院屡遭劫难，破败不堪。在"文化大革命""破四旧"的旗号下，常家大院的许多古迹永远消失湮灭了。值得庆幸的是山西荣军疗养院看上了北院，住进了几百名医生、护士和荣誉军人。虽说也有损坏但是基本上保留了常家大院的框架。正如耿彦波在《修复常家庄园碑记》中所说："惜朝代更替，岁月沧桑，风雨剥蚀，人为破坏，使常氏庄园疮痍满目，尘封土掩。毁灭在旦夕之间。"人祸甚于天灾，战火的破坏力赶不上疯狂的政治运动。

当人们赞叹埃及的金字塔时，有没有想过，古埃及的法老能把他们的墓地修得如此壮观，他们的皇宫会何等金碧辉煌！可是，有谁见过古埃及的皇宫？巴比伦文明是世界四大古文明之一，"空中花园"被称为世界八大奇迹之一。如今在伊拉克还能看到多少遗迹残骸？破坏要比建设容易得多。一旦毁坏，就难以恢复。倘若不是赶上了改革开放的盛世，常家大院和其他山西的老宅院很可能也会步埃及和巴比伦皇宫的后尘。

2000年5月14日，榆次市委、政府、人大、政协四套班子举行联席会议，决定修复常家大院。仅仅一个月，6月15日便正式动工。再过一年零三个月，常家大院的修复工程居然全部完成了。神速！相比之下，有许多地方的名胜古迹急需修葺，但是一拖再拖，要不然没资金，要不然没批文，困难比办法多，推一推，动一动，进一步，退两步，多少年过去了，古迹越发破败潦倒。

在许多名胜景点、庙宇都有修复纪念碑，上面除了歌功颂德之外，主要内容是捐款人的名单，却很少在碑文上列出详细的账单。耿彦波撰写的竣工纪念碑与众不同，他不厌其详地开列了两笔豆腐账。

第一笔是修建花费的豆腐账：组建古建队伍61支，动用青砖400万块，方砖360万块，木材4960立方，石材6万立方，土方350万立方，修复院落27个……耿彦波开列这些账目，用意很明白，修复常家大院工程浩大。在2000年花费5000万元，绝对不是一个小数目。能在这么短的时间里筹集这么多的资金，完成这么大的工作量，谈何易事！耿彦波在碑文中没有回答，如何才能如此高速地决策、开工？如何才能筹集足够的资金？如何才能高质量地完工而没有留下烂尾楼？在许多地方几乎是不可能做到的事情，在常家大院做到了。

第二笔账是参与修复工程的总指挥、副总指挥、建筑修复设计师、园林设计师、指导专家等，开列了一个长长的名单，唯独没有他自己。

碑文中说："政通人和则有修复盛事，文化振兴则令百业兴旺。"此言不假。事在人为，还要看有没有人去做这件事。人的因素第一，其中，领导者的因素绝对不可轻视。

传统古建艺术博物馆

常家大院，游人如织。我跟着导游转了一大圈，紧走慢走花了好几个小时。

在乾隆年间，常万达为三个儿子、十个孙子分别修建了一个独立的院落。以后，在这13个院落的基础上不断扩充，组成了一个庞大的建筑群。

其实，每套院落的基本格局都差不多。前后三进，也就是说，在中轴线上一串三个小院子。前院和中院之间是会客大厅，在中院和内院之间有个垂花门，门后是主人的生活区，两侧是绣楼，女眷平常足不出垂花门。传统建筑格局反映了封建社会中严格的等级制度和三纲五常的伦理道德观念。老实讲，住在这些老宅当中，生活质量并不高。第一，采光不好，除了正房二楼以外，大部分房间难得晒到太阳，阴沉沉的。第二，景观不好。从大部分房间的窗户往外面看，只能见到对面不远处的墙壁和门窗。第三，通风不好。正房、厢房围成几十平方米的天井，虽然有利于在冬天保暖，却不利于通风。第四，姑且不谈没有中央供暖，最糟糕的是没有下水道。上厕所是个严重的问题。第五，离城几十里，怎么上下班？依照现代人的观点，宁肯在北京、上海有一套100平方米的房子也不要老宅中的整套四合院。

常家大院的书院很棒，名叫"石芸轩书院"。门上嵌刻"学海"两个大字。据说是王羲之的手迹。"书山有路勤为径，学海无涯苦作舟。"常家先人说："做生意可以亏本，但唯独不可以不读古人的书。"很难得的是，在一面墙壁上镶刻着数百砖雕，刻上了历代名人的真迹拓笔。

晋商中不乏儒商，他们明白"忠厚传家久，诗书继世长"的道理。如今，许多企业家纷纷进入名牌大学选读EMBA，渴望得到更多的知识，这是一个好现象。但是也有一些企业家在豪华的办公室里摆上一圈书架，装满了精装的大部头著

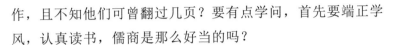

作，且不知他们可曾翻过几页？要有点学问，首先要端正学风，认真读书，儒商是那么好当的吗？

和王家大院、乔家大院不同，常家大院各家各户在修建自己的宅院时分别开辟一个后花园。这些后花园之间没有篱笆，自然连成一体，号称静园，占地113亩。中心一个湖，岸边耸立着观稼阁。小桥流水，俨然一派江南水乡的景色。

常家大院住房的建筑风格虽然有些呆板，但是细节却很精致，不折不扣可以称得上是中国古建艺术的博物馆。大院套小院，光院门就有143个。有双柱飞檐挑角式大门、二柱歇山门、二柱卷棚门、仪门、石柱门、圆顶门、月亮门、瓶形门，形形色色，变化多端，极少重复。多数院门两侧挂有楹联、绘景、寓意、喜庆、祝愿、劝学、劝善。

柱头、影壁、门栏上雕刻着各种寓意太平、福禄寿喜的吉祥图案。木雕、砖雕、石雕艺术水平相当高。蝙蝠、仙鹤、白鹿、葫芦等比比皆是，寓意风调雨顺、连生贵子、喜鹊登梅、马上封侯等等。

创业之初，常家根本没房子，也没有这些吉祥物件的保佑，常家发达起来。

有钱了，修了大宅院，刻上这些吉祥物之后，常家反而渐渐败落了。

祈福就一定得福？

酒好也要勤吆喝

山西民居当中，乔家大院名气最响。其实，乔家大院总建筑面积8700平方米，常家大院12万平方米，王家大院15

万平方米。常家大院和王家大院比乔家大院大了好几倍。精雕细刻，有过之而无不及。之所以乔家大院大出风头，是因为其管理者具有商业头脑。当初，张艺谋要拍《大红灯笼高高挂》，想租个场地，却囊中羞涩。唯独乔家大院的经理看出了商机，几乎完全免费把大院租给了张艺谋。随着电影的成功，乔家大院也声名日上，招来无数的仰慕者。待到《乔家大院》电视连续剧播出之后，这里更加热火。一进乔家大院的大门就是剧照，甚至在拐弯抹角的地方也挂着剧照，提醒观众，某个故事就发生在这里。假作真时真亦假，简直弄不清楚是史实还是故事。

在乔家大院的大门外一连串十几家饭店，名字叫作"乔家大院饭店"、"乔家大院酒家"、"乔家大院餐厅"等，还专门标明"正宗乔家大院刀削面"。乔家大院成了一块金字招牌。

商业营销策略告诉我们，市场如战场，要出奇才能制胜。在竞争中要尽可能区别于其他竞争对手，保持自己独特的比较优势。一招鲜，吃遍天。当乔家大院决定"赔本"和张艺谋合作的时候，其他大院还在做梦，自我感觉良好。当《大红灯笼高高挂》、《乔家大院》等电影、电视连续剧陆续登场之后，乔家大院在名声、利润、游客数量等各种指标上都已经遥遥领先。尽管常家大院经过修缮之后可参观的景点多于乔家大院，但是，想压倒乔家大院的风头，难度很大。

常言道，酒香不怕巷子深。跑进胡同深处买酒的一定是酒鬼。一般老百姓如要喝酒，还不是在路边顺手买一瓶。倘若天下只有一个常家大院，守株待兔，爱来不来。实际上，除了常家大院之外，还有乔家、王家、渠家……不仅需要吆喝，还要吆喝得早，吆喝得到位。稍有差池，游客就跑到别人家去了。

为什么常家大院比乔家大院更大

如果说在当今的商战中乔家大院胜过了常家大院，在100多年前，常家却比乔家棋高一着。

常家和乔家都是白手起家。乔家的发迹始祖叫乔贵发，赤手空拳，跑到包头经商，创办了广盛公号。常家的开山祖宗叫常仲林。500年前，常仲林房无一间，地无一垄，牧羊为生。祠堂里供奉着他用过的羊鞭、羊铲。山西的放羊老汉千千万万，唯独常家发迹，转折点就在于他们丢下了放羊鞭，开始经商。山西的自然条件比较差，人多地少，缺乏水资源，多山多沟，交通不便。客观环境逼得晋商向服务业发展。平遥的票号搞金融服务，祁县的乔家和榆次的常家搞物流服务，说白了，就是做买卖。

乔家和常家都做茶叶生意。他们在福建收购茶叶，用车马运到江西，再由水路经信江、鄱阳湖、长江至汉口，沿汉水到襄樊，再驮运北上，经洛阳过黄河，越太行山，回到山西。茶叶商路全程7000余里。

据记载，常家不仅在福建崇安县的下梅镇设庄，大举收购茶叶，还在武夷山购买茶山，直接组织茶叶生产，形成了产销一条龙。在电视剧中，乔家也搞了产销一条龙。如今已经很难搞清楚，是乔家还是常家首先搞了产销一条龙。谁先谁后并不重要。如果某一种生产组织方式的效果较好，其他厂商很快就会模仿。在市场学中叫作工业组织的外部化效应。或者叫作"看中学"。领先者的超额利润很快就会被瓜分殆尽。

乍看，晋商贩卖茶叶的路径有点奇怪。他们千辛万苦把茶叶运回山西，难道山西人喝得掉那么多茶？答案很清楚，山西不过是晋商的一个物流中心，茶叶市场主要在北方的牧区。晋商把茶叶压制成牧民需要的茶砖，成车地销往北方。

从山西往北有两条路，一个西口，一个东口。出西口，经杀虎口进入鄂尔多斯草原，中心城市是包头。出东口，经张家口去蒙古。晋商多数出西口，一曲《走西口》悲怆凄凉，千古流传。乔家的商队选择了出西口，而常家的商队选择出东口。乔家在包头建立了销售中心，直接深入牧区做生意，很快就发起来了。常家的商队到张家口之后换骆驼，穿过沙漠到库伦，再往前走就是荒原中的恰克图。蒙古人烟稀少，市场规模有限，常家的生意很不好做，几年工夫就和乔家拉开了距离。

人算不如天算。市场信息是预测的基础，没有信息支撑的预测不过是赌博。难就难在信息本身也在变化。在康熙年间，乔家走西口，市场规模要远远大于走东口的常家，乔家比常家更能赚钱。乔家得到的信息是正确的，乔家根据这个信息做出的决策也是正确的。可是，乔家的当家人怎么也没料到，随着世界工业革命的进展，北方的市场竟然发生了根本性的变化。雍正五年，中俄签订《恰克图条约》。要想富，先修路。俄国的远东公路修通之后，没有多少年，蒸汽火车出现了，铁路修过来了。远东大动脉不断升级发展。由于交易成本不断降低，位于恰克图的常家商行的生意立刻火起来了。茶叶贸易商路越过边境，不断延伸。常家的茶叶市场的腹地也随之逐步扩大。由于常氏先人在对外贸易中注重信义，很快就把生意做到赤塔、多木斯克、新西伯利亚和莫斯科。他们在俄国许多地方设立了茶庄分号。除了蒙古人需要的茶砖之外，还把茶叶精制加工成适合俄国人需要的红茶。巨大的欧洲市场使得万里商路充满了机遇，也给常家源源不断地带来巨额利润。

根据恰克图海关数据，雍正七年（1729年），茶叶贸易量为7.5万公斤，乾隆十五年（1754年）21万公斤，嘉庆十年（1805年）120万公斤，道光八年（1825年）198万公斤，光绪十九年（1893年）486万公斤。在150年内茶叶贸易量增加65倍。其中常家的茶叶占了很大的比例。

乔家走西口，似乎走的是近道，可是，过了包头之后一头栽进了蒙古沙漠，越走越艰难，市场总也做不大。常家向东北方向发展，虽然绕了点路，却接上了西伯利亚的交通大动脉，生意越做越大。难怪常家大院要比乔家大院大了好几倍。

为什么晋商会衰落

在常家大院参观，我一直在思考，为什么盛极一时的晋商会逐步衰落？

我有个学生参与制定山西的"十三五规划"。他们打算写上一段，振兴山西省经济，第一，要搞高科技，第二，要发扬晋商的优良传统，搞现代化物流等等。为此，在规划中提出了一连串的口号，"三个支柱，五大中心，六个步骤"，等等。

我听了之后哭笑不得，问道：美国有几个高科技中心？IT行业的中心集中在西海岸的硅谷、东海岸的波士顿和华盛顿等地。为什么辽阔的中部地区没有高科技中心？

在区域经济学中有个集聚效应。要点是：竞争是发展一个新兴行业的动力源泉。在竞争中许多企业会聚集在一起，形成这个行业的科研和生产中心。高科技行业少不了顶级大学和科研机构的支持。在加州有斯坦福、伯克利，在波士顿有哈佛、MIT等著名大学。许多纯理论的研究中心坐落在这个区域中。各种优秀人才聚集在一起竞争，推动着科学技术的发展。人才都跑到这些地方去了，中间地区非但不会跟着发展，反而出现了人才短缺的现象。山西的东北方向有北京的清华，西南方向有西安的交大，IT行业的优秀人才不是去北京就是去西安，没有第一流的人才如何发展高科技？充其量不过是给这些高科技中心打打边鼓，当当配角。

此外，山西要发挥当年晋商的余威搞物流，时过境迁，难度极大。

常家和乔家主要经营物流服务。从经济学理论来说，搞物流的关键是降低物流成本，在节省运费、保证安全的前提下运输时间要尽可能短。因此，物流中心的选择必须靠近市场和生产基地。在交通落后、信息迟滞的年代，常家万里贩运茶叶，船载车拉，跨越大江大河，崇山峻岭，甚至组织骆驼队穿越沙漠，把生产基地和市场连接起来。这条茶叶之道无可取代。可是，现代交通工具的出现彻底改变了传统物流的概念和格局。

西方工业革命之后，机动轮船问世，海运的速度提高，成本逐步降低。英、法各国商人从上海、泉州出口，走海路贩运茶叶。

光绪三十一年（1905年），俄国西伯利亚铁路全线通车。

俄国商人直接到福建、江西、安徽等地收购茶叶，沿长江出海，北上海参崴，经西伯利亚铁路直达莫斯科。运费低，安全迅捷。外商在产地直接设厂加工茶叶，在质量、包装上都胜过传统的中国的手工作坊。

物流的宗旨是以最低的运输成本沟通产地和市场。物流中心要不然靠近产地，要不然靠近市场，要不然坐落在交通枢纽。山西既不是茶叶的产地，又不是茶叶的主要市场，更不是交通枢纽，无论如何，商人们都没有理由先把茶叶运到山西，然后再运去北方。在运输能力的比拼中，晋商的马队和骆驼队过时了。

跟不上时代的步伐，丧失了在竞争中的比较优势，晋商不可挽回地衰败下去。

在制定山西的发展规划的时候，有很多突破口可以选择，但是，想把山西建设成为现代化的物流中心，显然不符合经济规律。

赖账能否拖垮晋商

在常家大院的陈列室中有块看板，上面写道：

"《山西外贸志》记载，清末俄商赊购拖欠'大升玉'、'大泉玉'、'独慎玉'三号款项为俄沙32万卢布。

《山西票号史》记载，清末由于俄国重税窒息，华商遭受浩劫。常家'大清玉'连同联号'大美玉'、'大升玉'、'大泉玉'、'独慎玉'五家在莫斯科赔折银140余万两。

清档案资料载：'仅俄商五家便拖欠常家账局贷款416万卢布'。

蒙古僧格林沁亲王府累年借常氏商号银逾百万两。清朝灭亡，王府垮台，欠款无还。

清末陆钟琦到山西当巡抚前借常氏商号银30万两。上任伊始便在辛亥革命中毙命，遂成死账。

伪满洲国立，常氏在其地的十多个分号损失惨重。"

小导游理直气壮地念了一遍，她说，常家乃至晋商的衰败主要是因为赖账，不仅俄国商人赖账，连官方也赖账。

人们出门旅游，图的就是放松、散心，又不是来上课、开会，导游的介绍只要好听就行，何必过于较真。不过，回到家里再想想，这个说法很值得推敲。

从经济学角度来分析，之所以有人赖账是因为赖账的成本太低。

在太平盛世，官员一般是不赖账的。为什么许多商户巴结官府，主动送钱上门？首先，官员的信誉很重要，赖账的成本很高，甚至可能毁掉仕途前程。其次，官员手中有权，只要动用公权力，很容易用其他方式来补偿债主。

僧格林沁是清朝大名鼎鼎的科尔沁亲王，陆钟琦是山西巡抚。当常家借钱给他们的时候，脑子里面还是老一套惯性思维，只要朝廷还在，官员找你借钱是给你面子，再牢靠也没有了。可是，老常家就没想到，如果清王朝垮台了，新任的巡抚在辛亥革命中被枪毙了，朝廷和官员连自家性命都保不住，还管什么赖账不赖账，常家放出去的债务当然全泡汤了。

在正常情况下，商家也是不赖账的。赖账频率较高的一定是买方市场。如果是卖方市场，供不应求，或者只有几家供应商，只要茶叶交易有利可图，按约付账是常态。赖账的结果有可能是被赶出市场，成本非常高。除非山穷水尽、走投无路，商人轻易不会赖账。道光、咸丰年间，俄国人偶尔也有赖账的，常家的生意不是做得蛮好？常家和俄国人做茶叶生意已经一百多年，难道还不了解对方的信用？遇到了信用不佳的对手，买卖不成仁义在，下次不做就是了，断然不至于连老本都赔光。

如果供应商很多，供过于求，不和你做生意，还可以和别人做，赖账的成本大幅度降低。在清末，莫斯科茶叶市场逐渐转变为买方市场。供货商多元化。常家辛辛苦苦地把茶叶运到莫斯科，卖不出去，只好赊销给俄国商人。俄国商人不找常家也照样能够得到充足的货源，难免有些不法奸商赖账。弱国无外交。清政府腐败无能，更加纵容了俄国奸商欺诈常家商行。其实，即使中国政府国力强大到足以替晋商出头交涉，常家的生意也断然做不下去了。

不仅是常家走向衰败，平遥的票号垮得更彻底。在20世纪初，银行业迅速崛起。银行和票号虽然都属于金融服务业，却天差地别。票号用的是自己的钱，替别人结算、融资。银行吸收民众的存款，一般来说，自有资金只占8%。用别人的钱来赚钱，有着很强的杠杆作用。银行能够调动散布在民间的闲置资金，集中起来投资。企业从银行获得资金，而银行通过提供金融服务获得利润回报。在雍正、乾隆年间，人们还没有银行的观念，平遥的钱庄票号应运而生，赚了个盆满钵满。当银行的概念从西方传入中国之后，固守传统票号只能是死路一条。

1903年，北洋大臣袁世凯邀请平遥票号加入天津官办银行。平遥票号的掌柜们不知道银行为何物，不屑一顾。1904年清政府成立户部银行，户部尚书鹿传霖主动邀请平遥票号入股。平遥的掌柜们不仅拒绝入股,还不允许任何下属人员参与组建银行。好像除了他们之外世界上就没有懂得金融的人才了。结果,户部银行交由江浙财团主办,平遥票号错失良机。数年后,户部银行改建为大清银行,准备过渡为中央银行。清政府再度向平遥招手,可是平遥的掌柜们顽固不化,就是不肯走出山西地界。

1911年辛亥革命爆发,军阀混战,平遥票号放出去的贷款不能如期收回,结结实实地跌了个大跟头。等到平遥票号的老板们如梦方醒,想要办银行的时候,江浙财团早已羽翼丰满,形成了以上海为核心的金融市场。在上海、天津、武汉等地,外资银行和民营银行如雨后春笋,蓬勃发展。这些银行机制灵活,靠近市场,具有地理位置上的优越性,更加容易获得市场信息和融资,偏居一隅的平遥票号很快就被挤出局了。

晋商衰败的关键在于固守成规,没有能够跟上市场的变化。

有人说,山西要重振晋商雄风,精神可嘉,却不合时宜。山西交通不便,左手一指太行山,右手一指是吕梁。地理位置注定了山西不可能在物流上具有比较优势。如果有人打算模仿当年常家大院,把商品运到山西来,然后再从山西运出去,岂不是在开玩笑?

根据现代金融市场的规律,在一个地区只能有一个金融中心。香港是全球三大金融中心之一,上海是中国内地的金融中心。其他城市不过是当地的金融中心,如果说要取代上海的金融中心地位,只不过说说而已,当不得真。倘若常家在清末拔营起寨,抢占上海滩,创建银行,在沿海布置下物流网络,时至今日,恐怕早就成了一个纵横全球的跨国公司。

可惜啊可惜，当年赫赫一时的晋商烟消云散，只留下常家的老宅，寂寞地注视着四方游客。

常家垮了，垮在自身。跟不上时代的潮流，迟早要被淘汰。时代变了，我们也得变。只有认识潮流，才能顺应潮流，驾驭潮流。如今，科学技术发展速度较之清代不知道要快多少倍。如果在金融体制上依然抱缺守旧，坚持国有银行垄断，迟迟不开放民营银行，一旦遭遇金融危机，就悔之晚矣。

三晋子弟多英才

常家大院规模宏大，可惜人去楼空，除了主体的几个院落、祠堂和书院之外，大部分四合院都空置在那里。有人利用其中的四合院办了美术作品展览，游人寥寥。

我问道："如今在大院里还有没有常家的子弟？"

导游说："有，在城门那儿开餐馆的就是。"

时近中午，该吃中饭了。城门内右手是常氏祠堂，左手开了几家餐馆。看见我们走过来，一位中年人亮开嗓门吆喝："刀削面，刀削面，地道的刀削面，山西最低价，两块钱一碗！"调门高昂，声震四邻。

我加快步伐走了过去，唯恐避之不及。其他的游客也都匆匆而过，没人响应他的"山西最低价"。试想，游客跑到常家大院来，且不说路费和耗时，仅仅门票每人60元。在饮食上，如有地方特色，只要干净，即使多花几个钱也愿意。如今，食品卫生是个令人头痛的事情，奔着最低价去，风险太大。如果他改口吆喝："常家祖传，特色刀削面，山西最高价，20元一碗！"别人不敢说，我肯定上当。

人生目标有三种选择：读书、当官和经商。读书出名，经商赚钱，当官有权。一般说来，一个人只能选择一样。如果又当官又想发财，难免贪污腐败。如果当官的发表许多论文，难免抄袭作假。如果学者忙于经商，肯定误人子弟。在清代，常家经商很成功，还试图在读书和当官上有所突破。

据记载，常家在清政府中有官衔的132人，最高从二品。非常遗憾，这些官基本上都是买来的。清廷腐败，可以按照捐款数量买一个官衔。不过这些都是虚衔，除了过过干瘾，满足一下虚荣心之外，毫无用处。

常家子弟读书很成功，出了不少文人。常立屏是清末著名书法家。他的儿子常麟书是山西儒学大家和教育家，有五十六部著作。常立教是光绪戊戌变法中参加公车上书的山西籍四个举人之一。常崇安博士是上个世纪80年代我在美国匹兹堡大学的同学，在加拿大的伦敦又同在一个城市中居住。我很高兴地在常氏家谱中找到了他的名字。

山西发展金融、物流业不现实。山西没有顶级大学，缺乏科技人才储备，短期内不具备发展高科技产业的条件。也许山西的发展只能在教育、旅游和能源上突破。当初美国的得克萨斯是荒凉不毛之地。开发石油之后，办了几所好大学，很快就兴旺起来。山西人文底蕴深厚，有良好的教育传统，还是下功夫办几所好大学吧。三晋子弟多英才，振兴山西只能靠山西的子弟兵。

在常家大院的砖墙上有副对联"为学子本色，知春秋大义"。

万般皆下品，唯有读书高。

2013年5月20日

涿鹿原上九龙飞

——涿鹿记行

养在深山人未识

车过八达岭，沿着京张高速向西北一路疾驰，目标是河北涿鹿的三祖坛。凡是读过中国古代史的人没有不知道涿鹿大战的。黄帝和炎帝的联军在这里战败蚩尤，建立了中国第一个中央政权。从此黄帝被中华民族奉为共祖。司马迁写《史记》从黄帝开始。

赵楠坐在司机旁边，用手中的 GPS 设定目标"涿鹿，三祖坛"，看起来信心满满，只要跟着 GPS 走就没错。车过土木镇（历史上叫土木堡），GPS 突然说，请掉头。众人为之一愣，眼前路标明明指向涿鹿，为何要掉头？司机悻悻说，过了出口，掉不了头，不走也得走下去了。按照一般理解，如此著名的旅游景点，在高速公路出口处总该有路标提示，既然啥标志都没看见，没准 GPS 晕车了。

土木堡在历史上名气很大。明英宗朱祁镇（1427—1464）

在 1449 年带 20 万大军御驾亲征瓦剌，在土木堡大败被俘。看看地图，土木堡距离北京只有 110 公里，骑马顶多一天。能在土木堡消灭明军主力，生俘皇帝，瓦剌部的主帅也先是个了不起的军事家。瓦剌兵临城下，京师震动，人心惶惶。幸亏于谦等人临危不惧，挺身而出，守住了北京城。明英宗当了俘虏，却还有几分骨气，拒写招降诏书。为了稳定大局，于谦等人拥立朱祁镇的弟弟朱祁钰为帝。如此一来反而救了朱祁镇一命。既然中原已经有了新皇上，瓦剌继续扣留朱祁镇就毫无意义了。1851 年，朱祁镇被放了回来。兄弟俩，一个老皇帝，一个新皇帝，怎么办？天无二日，朱祁镇被软禁起来。八年以后经"夺门之变"，朱祁镇复辟，再次登上帝位。痛定思痛，他在土木堡修了一座显忠祠，纪念随他出征阵亡的将士。如今，且不知显忠祠是否尚在，即便还有遗迹，恐怕断壁残垣，荒芜潦倒，有谁还记得当年金戈铁马，神鸦社鼓？

再走不远，看见了新保安的路牌。1948 年 11 月 22 日，华北野战军的杨罗耿兵团在这里全歼傅作义的王牌 35 军。在整个平津战役中只有在新保安硬碰硬，打得最惨烈。1949 年 1 月 15 日，刘亚楼指挥四野仅用 30 个小时就拿下了天津，生俘陈长捷。在解放战争中刘亚楼一直当参谋长，作为主帅过瘾，唯独这一次。连他自己都认为，率几十万大军，挟辽沈大胜之威，拿下天津不过一盘小菜。和新保安一役相比，打天津犹如泰山压顶，似乎有点胜之不武。新保安一仗意义深远，只有打掉了傅作义的本钱才能实现北平和平解放。

土木堡与新保安相距只有 18 公里，两次大战相隔 500 年。在这条路上不知道打过多少仗，唯独这两仗最出名。

前行 30 公里，在通向涿鹿的路标指引下离开了高速公路。

眼前有块褐色的旅游牌，令人疑惑，上面写的不是黄帝城或三祖坛，而是鸡鸣驿。路边，四四方方的一座灰黑色的古城。鸡鸣驿在历史上非常出名，是明清时代由京城出塞的第一个驿站，是目前国内保存最好、规模最大、最富有特色的邮驿建筑群。2001年被国务院公布为第五批全国重点文物保护单位，两次被世界文化遗产基金会列入100处世界濒危遗产名单。

据说，贞观十九年，唐太宗征辽，"驻跸其下，闻雉啼而命曰鸡鸣"。1219年成吉思汗西征，开辟驿路，始建鸡鸣驿。明永乐十八年（1420年）鸡鸣驿扩建为西部进京师的第一大站。清康熙年间设驿丞主管事务。

1900年，八国联军进北京，慈禧太后逃出京城，第一晚在怀来县城落脚。查查地图，老太太带着光绪皇帝赶着马车狂奔，一天一夜跑了120公里，速度够快。大概把老太太给累得够呛，第二天只走了20公里，到鸡鸣驿就住进贺家大院。毫无疑问，慈禧太后看看屁股后头洋鬼子没撵上来，否则她还能继续保持高速奔走的纪录。

民国以后，逐渐建立了全国统一的邮电系统。随着驿站制度被淘汰，鸡鸣驿渐渐败落了。鸡鸣驿面积并不大，城墙高12米，设东西两门。据说至今还保存有玉皇阁、泰山庙和文昌庙。放眼望去，古朴的城楼和初绿的杨柳相映，有道是，"长亭外，古道边，芳草碧连天"。

按照GPS指导，下了高速，十余里之后进了涿鹿县城。四处张望依然不见黄帝城的路标。停车问路，路人一脸茫然，有个骑摩托的挥手说："走，过了县城就是。"

出了县城，还是没见路标。疑惑丛生。GPS说："往前走，还有56公里。"

贾玮说:"百度地图说从北京到黄帝城只有140公里。我们都跑了140公里了,怎么还有56公里?"她拨通了张家口的问询台,要了黄帝城旅游点的电话。

对方问:"你们在哪里?"

路旁有地名牌"高堡村"。

没料到黄帝城的人问:"高堡村在哪儿?"晕菜!

既然黄帝城的人都不知道高堡村,估计还有段距离,只好硬着头皮,按照GPS的指示往前走吧!

沿着109国道跑了几十公里后,拐上小道,盘山而上,路边沟壑纵横,属于典型的黄土冲刷地形。桃花、梨花甚艳,映照着嫩绿的柳芽,景色迷人。北京城里桃花、梨花都谢了,无可奈何花落去,没料到春天竟跑到山里来了。在山路上转来转去,车速只有20迈左右。有人急了,"走错了吧?"我答道:"如果不是走错了路,还能看到这样的山景吗?"

下山,几个农民围着一辆拖拉机卸煤。

问:"三祖坛怎么走?"又是一脸茫然。

再问:"黄帝城?"答道:"往前!"

不放心,再问:"是不是有56根大柱子?"

农民们笑道:"对着呢!"

在乡间小路上继续前行。看见一块广告牌,黄帝城旅游区欢迎您!

远远望见了九龙腾飞的顶部,心里终于踏实了。继续前行,经过了一个没有任何标志的路口之后,眼看离开九龙腾飞越来越远,急忙刹车,掉头,拐进小路,对着九龙腾飞开了过去。眼前豁然开朗。好大的一片建筑,我们终于摸到了预期的目的地。

三祖堂离北京只有 140 公里,我们转了 200 多公里才到。涿鹿大战,声名远播,可是路上居然没有几个标志,养在深山人未识。也不知道开发这个景点的人是怎么想的。

黄帝城旁黄帝泉

黄帝城景区分四个部分:三祖堂坐北朝南,正对着巨大的合符坛。合符坛上便是闻名遐迩的九龙腾飞雕塑。中轴线的西部是黄帝泉,泉水汇集成古城水库,在水库边上便是黄帝城遗址。

黄帝城遗址长宽 500 米左右,为不规则方形。残存的城墙高 5—10 米,底厚约 10 米,顶厚 3 米左右。城墙遗址上清晰地看得出一层一层的夯土。导游指着其中一层说,化验结果证明这里面有糯米浆,所以才如此坚固耐久。存疑,煮一锅糯米粥,能调和多少砂浆?修建这样一个城堡,需要多少糯米?黄帝时代年产多少糯米?除了人吃、储备以外,还有多少剩余能用来筑城?如果石灰三合土的强度和糯米浆调制的土差不多,还有使用糯米的必要吗?学经济的就喜欢算账,其实,4600 年前的事情,何必认真,姑妄听之。

1957 年 11 月 30 日,《人民日报》报道,在涿鹿县城东南的三堡村北发现许多文物,其中有石刀、石斧、石镞、石器等劳动工具和陶豆、陶盆、陶鼎、陶缸等生活用品。在这些器皿上没有发现文字,据此判断,这座遗址的年代要早于周。

司马迁的《史记》写道:"轩辕黄帝,北逐荤粥,合符釜山,邑于涿鹿之阿。"说得很清楚,黄帝在涿鹿建立了他的都城。有人对涿鹿的地理位置有怀疑,实在没有多少道理。中华文明的一大特点是史学文化,国有国史,县有县志,家有家谱。一代传一代。历代的记录形成一个完整的时间序列,我们不仅能够判断出真相还能看出其中细微的变迁。中国这块土地上还有第二个涿鹿吗?如果有的话,司马迁能不知道吗?如果司马迁错了,后世的班固、司马光、张廷玉等史学家还能没有异议吗?

黄帝泉水质清冽,冬不结冰,久旱不枯,久雨不溢。在黄帝泉旁有地震观测站。有夫妇两人在这里坚守三十多年。据说,在当年唐山地震和汶川地震时,泉水涌动异常。也许黄帝泉来自于几千米深的地下,能反映出某些地壳变动的征兆。说来颇为遗憾,如今人们已经能够登上月球,飞往火星,可是对脚下的世界了解甚少。全球地震接连不断,却没有能够成功地预报过几次。哪怕是数千米的钻探深井,相对地壳来说,还远远不及一个鸡蛋壳的厚度。也许这对夫妇观测出来的数据说明不了什么,但是,人类就是在这些坚持不懈的探索中逐渐认识世界。无论如何,我们也要赞美他们的执着和信念。

导游说,黄帝泉的泉水如何之好,却不见有人做泉水生意。倘若有人在泉边灌瓶出售,还怕游客不掏腰包吗?石刚将手中矿泉水瓶子倒空,翻身爬过石栏,弯腰灌了一瓶黄帝泉的水。大家看看,却没人敢喝。

度尽劫波三祖归

三祖堂于 1994 年 8 月动工,1997 年竣工。看起来好像五台山唐代建筑佛光寺的翻版。一进山门,迎面便是石刻九龙壁。绕过照壁,下十余台阶,一条大道,长可里余,直通大殿。左右陈设巨鼓铜钟。三祖堂位于九层高台之上,庄严肃穆。横开七间,进深三间,立柱12根,木质结构,斗拱粗壮,板门直棂窗,古朴庄重。

有人不赞成仿古建筑,特别不赞成用钢筋混凝土的仿古建筑。貌似有理却书生气十足。一方面,我们要好好保护现存的文物,另一方面,在恢复一些历史遗迹时不妨采用最新的技术。

说来道去,要吸取历史教训。按理说,中国的西安、洛阳是两千年前世界上最大的都市,可是,为什么在联合国历史名城录上,罗马排名第一,伊斯坦布尔排第二?无须争辩,罗马、伊斯坦布尔的古迹比比皆是,可是西安、洛阳地表的文物早已荡然无存。

中国古建筑以砖木结构为主,罗马古建筑以砖石结构为主。中国的古建筑用一根又一根木柱支撑起来,而罗马的古建筑是用石头砌成拱券,顶上去的。当时中国森林茂密,伐骊山之木就可以盖500里阿房宫。罗马周边有没有那么多的森林资源,我不知道,不过,那里有许多火山,火山灰可以当水泥用。因此,罗马人修建了许多大跨度的砖石建筑。木头会氧化、腐烂,遇到大火,焚烧殆尽。时至今日,西安、洛阳地面上的东西都不见了,而砖石结构特别耐久,罗马、伊斯坦布尔的大教堂依然耸立。从这个观点出发,今日之仿古建筑,再过三五百年也就成了古迹。既然木材不能耐久,为何不用钢筋混凝土?其实,反正都是仿古,用啥材料都不重要,只要外形像佛光寺就好了。

三祖殿内供奉三尊泥塑,高约6米。黄帝居中,正襟危坐,气宇轩昂。炎帝居右侧,身披稼禾,左手抬起,双目沉思。蚩尤双目圆睁，身着兽皮，右手叉腰，左手握拳。大殿四壁绘着四幅大型壁画，分别是"阪泉大战"、"涿鹿大战"、"定都涿鹿"和"合符釜山"。

记录涿鹿之战的文献很多，按照司马迁的《史记》所载，涿鹿之战大约发生在4600年前。涿鹿大战是社会发展的必然，在涿鹿打出来一个中华民族。

追溯人类起源，北京周口店的"北京人"距今70到20万年。山顶洞人距今18000年。渑池的仰韶遗址和西安的半坡遗址距今8000年。在这些遗址都没有发现战争的痕迹。那个时候，人们找个水草丰美的地方住下来，相隔很远才有另外一个部落。别说是战争，不同部落的人想见个面都嫌路太远。山东大汶口文化大约从五六千年以前延续到距今四千年前为止。在大汶口遗址中才发现各个部落之间开始打仗。这说明在大汶口文化以后，随着劳动生产率不断提高，产生了越来越多的劳动剩余。有了劳动剩余之后，获取生活资料最简单的办法不是去狩猎、耕种而是抢夺。人群之间杀过来，杀过去，久而久之，人们逐渐认识到胳膊粗力气大是靠不住的。人们产生了保护人权和产权的意识。可以杀鸡杀鸭，却不能杀人，也不能抢夺他人财产。人权和产权是人与动物的一个根本区别。为了保护人权和产权，在原始的部族中逐步有了军队、法院等国家机器雏形。

人常说，三皇五帝。有巢、燧人、神农为三皇。黄帝、颛顼、帝喾、唐尧、虞舜为五帝。有的道观中供奉天皇、地皇和人皇，其实，三皇是一个很模糊的概念，只不过是将人类进化的历史形象化。有巢氏教会人们修建住房，不再风餐露宿；燧人氏教会人们使用火，不再茹毛饮血；神农氏教会人们农耕，大幅度提高了劳动生产力。据传，神农不仅尝百草，行医送药，还发明了犁杖、耙、耒等许多农具，教民稼穑。神农对中华民族的贡献很大，因此在许多地方都有神农庙，在湖北有著名的神农架。

其实，神农不是一个人，而是一个部落。根据《史记·五帝本纪》称，在涿鹿大战之前，神农部落的首领已经传了9代，部落的首领叫炎帝。

随着生产力的发展，各个部落的活动范围逐渐扩大。原来相隔很远的各个部落之间形成了边界，争夺资源的战争不可避免。通过不断的兼并、整合，大鱼吃小鱼，小鱼吃虾米。在涿鹿之战前，除了神农部落之外，在陕西还出现了黄帝部落，在山东出现了蚩尤部落。形成了黄帝、炎帝和蚩尤三大集团。从时间角度来看，三皇在前，五帝居后。炎帝在前，黄帝在后。炎帝的资格比黄帝更老。因此，中国人常自称炎黄子孙。

进一步融合是历史发展的必然趋势，一场具有民族融合性质的大战不可避免。

涿鹿大战分三个阶段：

第一阶段，炎帝和蚩尤作战，炎帝败。关于这场战争史书记载不多。

第二阶段，炎帝部落向西退却，和黄帝部落接触，大战于阪泉。许多史书从不同角度描述了这场战争。《列子·黄帝》曰："黄帝与炎帝战于阪泉之野，帅熊、罴、狼、豹、貙、虎为前驱，雕、鹖、鹰、鸢为旗帜。" 黄帝麾下的六部军队各有图腾，以前分属不同部落。黄帝把这些部落联合起来，才有实力和炎帝决战。

《大戴礼·五帝德》则云:"(黄帝)与赤帝(炎帝)战于阪泉之野,三战,然后得行其志。"

汉代贾谊《新书》云:"炎帝者,黄帝同母异父兄弟也,各有天下之半。黄帝行道而炎帝不听,故战于涿鹿之野,血流漂杵。"贾谊是个文学家,在拿捏史实上似乎有点粗糙。他的话对错参半。涿鹿之战的第二阶段发生在黄帝和炎帝之间,战争很惨烈,这是事实。说黄帝和炎帝是同母异父兄弟,似乎子虚乌有,不着边际。黄帝和炎帝之战,黄帝赢了。炎帝和黄帝结成联盟。毫无疑问,盟主是取得胜利的黄帝。

第三阶段,黄帝和炎帝的联盟和跟踪追来的蚩尤部落大战于涿鹿之野,擒杀蚩尤。史书记载:"诸侯咸尊轩辕为天子,代神农氏。是为黄帝。天下有不顺者,黄帝从而征之,平者去之。"黄帝即位为公元前2674年,被称为中国历史上第一个共主。涿鹿大战不仅载入史书,还成为后世许多文学作品的题材。

神农部落最早定居,是最大的农耕部落。蚩尤部落拥有先进的冶炼技术,最早使用青铜兵器,战斗力较强。蚩尤部和炎帝部各有所长,为什么在三祖堂中黄帝端坐中央?

道理很简单,黄帝是胜利者。

民族融合的先河

打赢一仗未必是最终胜利者。楚汉相争,几乎每仗都是项羽赢,可是笑到最后的却是刘邦。假若项羽逃过乌江,东山再起,卷土重来,亦未可知。历史上反败为胜的例子举不胜举。黄帝伟大之处在于涿鹿之战后,开启了民族融合的先河。战后，对手不见了。黄帝、炎帝和蚩尤三个部落形成了超越亲属关系的联合体，确立了黄帝的领导地位。黄帝高明之处在于没有把对方赶尽杀绝，而是折中、调和，三大部落的民众完成了中华民族历史上第一次大规模的融合，逐渐形成了中华民族的主干。涿鹿大战以后，黄帝（轩辕）"乃修德振兵，治五气，抚万民，度四方"，奖励耕桑。难怪史书以黄帝为中华民族的开山之祖。

民族融合是一个非常艰难的历程。在欧洲历史上，德意志民族国家的形成经历了漫长的岁月。在整合成德国之后，仍然不能和相邻的法兰西民族融合。德、法世仇，从拿破仑、俾斯麦到两次世界大战，一直打到欧元诞生才歇了一口气。法国和英国也是世仇。非洲的一些国家直到今天还处于部落战争之中。杀过来，杀过去，民不聊生，社会生产力遭到严重破坏。

形成民族国家至少要有三个条件：第一，要有语言、文字和宗教，第二，要有相对集中的聚集区域，第三，要有共同的经济活动。民族融合就是要通过交流互动，让边界逐渐模糊，乃至消失。从经济学角度来说，就是要在更大范围内更有效合理地建立统一市场、实现规模经济和资源最佳配置，创造一个和谐、团结的宏观环境。

首先，要打破地理边界。在过去五千年的历史中，国与国之间爆发的战争绝大多数是争夺领土的边境战争。在第二次世界大战之后，人们方才明白，土地之争永无止息。在许多情况下，永远不可能找出一条能够被各方都接受的边界。例如，谁都说不清楚德国和法国、德国和波兰之间的边界究竟在哪里。公说公有理，婆说婆有理。最后，在1945年打出来一个《雅尔塔协定》和《波茨坦协定》，战争在哪儿停，哪儿就是边界，以后千万别打了。《波茨坦协定》规定日本领土限于本土四岛，将台湾归还中国。这个案是不能翻的。

　　理论和实践都证明，如果商品能够越过边界，就不需要派士兵越过边界。自由贸易淡化了土地边界。国际贸易组织的建立以及国际贸易的突飞猛进为世界和平创造了条件。

　　其次，形成独立民族必须要有相对集中的聚集区域。中国56个民族，许多少数民族都分布在交通不便的崇山峻岭之中。如果他们离开了世代居住的地域，很容易被同化融合。在大多数情况下，各民族在自己的地盘安居乐业。民族融合通常是一个非常缓慢的过程。战争是民族融合的催化剂。在战乱中，人们不得不离开自己的家园远走他乡。往往伴随着战争出现了民族大迁移、大融合。

　　自黄帝以来，中华民族具有超强的融合能力。民族融合过程证明：武力不可恃。无论军事力量多么强大，到头来，恐怕连自身都保不住。历史上许多凭借武力入主中原的少数民族都不见了。例如，在西晋末年，匈奴人刘渊入主中原，建立了后汉，羯族石勒建立后赵，氐族苻秦建立后秦，鲜卑人拓跋珪建立北魏，女真人完颜阿骨打建立了金，蒙古人成吉思汗开创了蒙古，契丹人耶律阿保机建立了辽，满人努尔哈赤建立了清。一个个强大的军事集团，耀武扬威，浩浩荡荡杀进都城，建立起中央政权。可是，没过多久，匈奴、羯、鲜卑、氐等等以及他们建立的政权一起烟消云散，成为历史名词。无论这些少数民族的武功何等显赫，只要入主中原，最后都逐步融合进了中华民族。本民族的精英和王公贵族离开了原来的聚集地，分派到各地做官。久而久之，没有了自己独立的经济活动，没有了语言，没有了宗教文化，也就丧失了作为一个独立民族的条件。每一次外族入侵就是一次大规模的民族融合。并不是这些民族的人消失了，而是他们融合进了中华民族。说不定你我身上还流淌着他们的血液。

在民族关系中要搞折中，有容为大，吃亏是福，不要赶尽杀绝。在种族冲突中没有胜利者。迄今为止，在中国五千年历史上还没有出现宗教战争。在中国流行的佛教、道教和儒家能够和平共处，甚至在相当程度上相互融合。今后，即使中国变得更强盛，也不能走极端。

民族融合是社会进步。只要是有利于社会进步，有利于经济发展，有利于提高人民生活水平，一切尽可听其自然。要充分尊重人们的自由选择。许多事情是勉强不来的。例如，丽江的东巴文字，作为传统自可招揽游客，可是，倘若象形文字能够更好地传递信息，只怕汉字至今还停留在甲骨文时代。保留传统是一回事，社会进步是另外一回事。语言文字是工具，好用最重要。

在涿鹿大战之后，龙成为中华民族共有的图腾。龙的形象中包括了鹿角、马面、蛇身、鱼鳞、鹰爪、凤尾等等，意味着各个部落不断加入中华民族大家庭，不断整合。只有中国人才能创造出龙的形象，并不是西方人缺少想象力，而是在西方各国缺少这个民族融合的过程。

勿以胜败论英雄

涿鹿之战后，大部分民众融合在一起，只有少数蚩尤的下属向南逃走，据说苗族、黎族等少数民族至今依然奉蚩尤为先祖。其实，就是在山西运城等地还有蚩尤寨、蚩尤坟等遗迹，存在着各种蚩尤崇拜。

有人说，炎黄的阪泉之战是华夏集团的内战，而炎黄联军对蚩尤的涿鹿之战属于蛮夏集团对东夷集团的外战。这种说法值得商榷。蚩尤部落主要在山东，把山东划分在华夏之外，无论如何也说不过去。更何况，还有一些史书记载蚩尤的老家在山西运城。那里可是尧舜禹的老家，地地道道的华夏中心。从地理上来说，黄帝、炎帝和蚩尤部落都属于华夏。既然如此，在历史上单称炎黄而不提蚩尤就不合情理。说到底，不就是因为蚩尤打了败仗吗？胜者王侯败者贼。

中国人信奉中庸哲学，善待失败的英雄。岳飞、关羽都是失败的英雄。蚩尤当年形象也不错，中国人崇拜的武圣是关公，可是，在关公之前是姜子牙，在姜子牙之前是蚩尤。蚩尤在相当长的岁月中一直是民众信奉的武神。不知道从什么时候开始，被一些文学作品抹了一个黑脸。就像曹操，原本是一个叱咤风云的大英雄，罗贯中的一部《三国演义》把曹操弄成个白脸奸臣。

其实，蚩尤和炎帝有什么区别？蚩尤打了败仗，炎帝不也打了败仗？只不过，炎帝打败了就投降了，蚩尤打败被俘给杀了头。既然纪念黄帝的时候炎帝同享祭奠，为什么甩掉了蚩尤？

三祖堂的意义在于给蚩尤平反昭雪，恢复名誉。当初，黄帝、炎帝和蚩尤在战场上拼了个你死我活，如今三位祖宗携手并肩，同聚三祖堂。不是冤家不聚头。

无论是进佛庙还是道观，通常我都不拜。佛祖心中坐。佛见佛，拜与不拜，没有区别。唯独见到黄帝、炎帝和蚩尤三位祖宗，我立刻跪拜。没有天就没有地，没有祖宗哪里来的我！

感恩思源，孝敬先辈，任何时候都不能放弃中华民族的美德。

合符坛上九龙飞

合符坛是各个部落盟誓团结的祭坛。

大江南北、国内海外，很少有哪个建筑的气魄能超越"合符坛"。方形坛基高6米，汉白玉栏杆围成1万平方米的广场。估计能同时容纳几万人。方坛之上，三层圆坛，合"天圆地方"之意。

坛前一对华表，高27米，巍峨恢宏。人们都熟悉天安门前的华表，高度只有7.9米。合符坛的华表高出三倍多，在极为开阔的环境下显不出高度来。

坛中央九条巨龙昂然腾飞，艺术大师韩美林设计的巨龙，古朴、简洁，充满刚阳朝气。龙形的下部有点像海马，光卷起的尾巴就有4米多高。龙身高达45米。仰望九龙托起的火球，仿佛随着巨龙飞向无尽的苍穹。

龙有多高，难以描述，我灵机一动，何不拿同伴当参照物？我拿着照相机，跑到圆坛边缘，回转身来，只见众人站在巨龙脚下，渺小得几乎难以辨认。

和符坛上耸立56根高9.9米的汉白玉石柱，不言而喻，代表中国56个民族。每个石柱上雕刻着身着民族服装的俊男美女，载歌载舞。柱顶是该民族的图腾物。有鹿，有鹰，有熊，有独特的民族乐器。据说是国家民委组织各民族专家进行反复论证的结果。是不是每个民族都有特定的图腾？不一定。有的民族的图腾居然是一顶斗笠。

合符坛就是民族团结坛。涿鹿和阪泉之战都是序曲，釜山合符实现民族融合才是主旋律。

如今，任何一个景点都人满为患，合符坛如此壮观，游人寥寥，令人难以相信。朋友们开玩笑说，从来没有享受到这般高级的待遇。

恋恋不舍地离开黄帝城，时间已是下午2点多。早就该吃午饭了，可是景区周边居然没有一家饭店。导游指着远方说，不远即是官厅水库。大家齐说："吃鱼去！"

涿鹿一带是葡萄酒的家乡。车行过处，几十里都是葡萄园。张裕葡萄酒就出产于这里。

车行20分钟，进入官厅镇。路人说，吃鱼就去"老疙瘩"。走到小街尽头，果然有家平常得不能再平常的农家饭店。

赵楠说："都下午2点多了，不知道人家开张不开张？"

推门进去，店主人爽快得很，连连让客，"要吃什么鱼，说话。我这里都是水库里刚捞出来的活鱼！"

转眼之间他捞出来两条七八斤重的大鱼，一条是鲤鱼，一条是胖头。就在餐厅内有口灶，他敲打着铁锅说："下面烧柴，保管您吃得香。"

这时我才明白店前广告写的"柴锅鱼"是什么意思。

我们十几个人猛吃海喝，也没花掉多少钱。真合算。反过头来一想，路上没路标，周边没饭店，花巨资修建了合符坛和三祖堂，拥有绝佳的人文底蕴，却没有招揽四方游客的措施，当地官员究竟错了那根筋？

归程偶得几句。

五月三日携诸友拜谒三祖坛

涿鹿原上九龙飞,
桃红梨白映翠微。
黄帝城头拾断戟,
阪泉池旁暖气吹。
融合锤炼艰难事,
血流漂杵有几回。
华夏海纳百川后,
度尽劫波三祖归。

2013 年 5 月 3 日

挂壁公路，感动中国

——郭亮记行

挂在悬崖峭壁上的公路

你见过挂在墙壁上的公路吗？去河南辉县的太行山，只要看上一眼，就永远忘不了。

《列子》中有篇《愚公移山》，说的是太行山和王屋山挡住了愚公家的出路。愚公带领子孙挖山不止，终于感动了天帝，派神仙下凡，把两座山背走了。愚公移山只不过是个寓言，当不得真。否则，难免有人会埋怨天帝派来的神仙偷懒，既然叫你来移山，为啥不搬远一点，干脆丢进大海，岂不省事？怎么把太行山和王屋山撂在山西和河南的交界处？不挡愚公家的路，却堵死了别人家的大门。

这个寓言被毛泽东引用之后，家喻户晓。毛泽东的意思是，中国人民要有愚公移山的精神，只要坚持努力，什么困难都能克服。提倡艰苦奋斗，非常正确，可是，别较真，面对着大自然，人的力量何等渺小，绝对不可能把大山搬走。

不就是要出门吗？何必搬山，修条路呗。要想富，先修路。逢山开道，遇水搭桥。

倘若山势陡峭，实在修不了路，怎么办？咱们搬不了山，搬家。树挪死，人挪活，为啥非吊死在一棵树上？

假若修不成路，老百姓又热土难离不愿意搬家，怎么办？

哪有这么抬杠的？了不起，与世隔绝，就住在桃花源里了。

2013年国庆节前，办公室的小侯给我送来一本《中国国家地理》杂志，上面有篇文章《太行绝壁上的天路》。一看照片，大吃一惊，分明在悬崖峭壁上挂着一条公路，在山腰上跑了一段之后，一头钻进了大山的肚子里。

面对着既不能移山，又不能修路的难题，中国农民给出了一个完全令人料想不到的答案。移不了山就修路，修不了路，就把一条公路挂到了悬崖上。挂壁公路，横空出世，郭亮村很快就成为闻名中外的著名景点。

国庆期间，办公楼里冷冷清清，别人休息我上班，抓紧时间把许多工作赶了出来。约好李勇等人，长假一过，立即动身去看挂壁公路。

绝妙构思，奇特隧道

从北京乘高铁，不过3个小时就到了郑州。稍事休息，驱车北上。出发前，我在百度地图上搜寻，离挂壁公路最近的是河南辉县。城北有个百泉，号称"中州颐和园"。苏东坡、乾隆等名人都曾来此游览，留有诗作。我计划在辉县住一晚，第二天去看挂壁公路。没料到本地的朋友说，今年大旱，百泉几乎干枯，没啥好看。只好临时改变计划，夜宿新乡。

第二天清早,沿京港高速向北疾驰,过辉县,转229国道。左手望去,太行山巍峨耸立,远远望去,山脚处的峭壁在阳光下闪闪发光。不由得想起那首著名的抗日歌曲:"我们在太行山上,山高林又密,兵强马又壮。"悲歌一曲,唱得中华儿女热血沸腾。

通常,哪怕山体再大,总能找到个山口,修条盘山公路,"跃上葱茏四百旋",再高的山也能翻过去。唯独在河南辉县这一段是个例外。巍巍太行山,跑到辉县之后突然化作一道高墙,垂直上下,百十米高,有的地方悬崖高度甚至超过300米。《国家地理杂志》说,亿万年前,地壳运动,两大板块相撞,在这里挤出来一个巨大的台阶。看看地图,山西和河南交界线的南部有100多公里没有道路横向贯通。从辉县向北几十公里才找到一个可以穿越的山口。

在太行群峰和峭壁之间有一个平台,比山脚下的平原高出几百米,面积或有几百亩。台阶上植被茂密,泉水淙淙,耕地肥沃。据传说,在西汉年间,郭亮带头造反,被官府缉拿,逃到这里落脚,从此得名郭亮村。之所以选择这里避难,是因为交通实在闭塞。唯一的通道是垂直上下上百米的"天梯"。村头有块石碑,上刻:"天梯,高达百米,720级台阶,梯势险峻,蜿蜒曲折,宽处1.2米,窄处0.4米,稍不留神,有坠崖之险,故称天梯。始建于明朝,清道光年间扩建。1977年前,是郭亮村通向山外的必经之路。"

站在碑边,山下的村庄和集镇历历在目。扶着石碑,探头下望,仅仅十几步,台阶就消失在石缝之中。郭亮村的村民养鸡、养猪还好说,放在篓子里背下山去卖。养牛就比较麻烦,只好杀了之后背牛肉下山。小孩子上学读书,非要从天梯爬上爬下不可，非常危险。有个村民爬了一半，突然下起大雪，上不来，下不去，被困在半腰好几天。郭亮村的百姓难啊，搬山，没神仙帮忙；修路，悬崖阻挡；移民，舍不得地肥水美的家园，如何是好？一咬牙，他们硬是在悬崖上修了一条挂壁公路。

过南寨，下229国道，拐向西，在山间小路上跑了十几公里，过核桃坪，进入万仙山景区。公路呈之字形，沿着山势，盘旋而上。俗话说，不碰南墙不回头。此言差矣，这条公路碰上南墙还是不回头，对准太行山，一头就钻了进去。

和一般的隧道不同，公路并没有往纵深发展，而是转过身来，贴着峭壁不停地上坡。走个10米、20多米，在侧面捅开一个大洞，仿佛开了一扇窗户。如果从对面山上望过来，恰似在峭壁上打了一连串的洞，在洞中贯通了公路。这个主意太棒了，既解决了采光也解决了通风。向上爬了数百米，钻出石壁，看见了头顶的蓝天。几十米后，又一头钻进了石壁。

洞高约3—4米，宽有6米左右，道路斜度大约25度，勉强可以对面错车。

我当过八年矿工，对于井巷挖掘作业略懂皮毛。此处山体属于沉积砂岩，硬度可达8.2级，很少有断层和严重风化的地方。好处是开挖隧道无须支撑，缺点是凿孔掘进非常费力。据说，修路的农民用绳索从崖顶坠下，先凿个洞，钻进悬崖中，再和下面的隧道对进凿通。说实在的，挂壁公路的井巷开挖技术水平不敢恭维。为了省力，在很多地方，头顶上和两侧的石壁完全是顺着岩石节理走向，凸凹嶙峋，未加整理修饰。在一处略微宽敞的地方，我们停车下来仔细观察，在井巷中找不到风镐钻孔的痕迹。在沉积砂岩上用风镐开凿隧道尚且很难,完全靠人工抡大锤,凿眼放炮,难上加难。

脚下水泥路面,车子跑起来和一般隧道并无两样。据说,这是最近几年为了开发旅游新铺设的。当年,老乡们可花不起这笔钱,能省点就省点。

峭壁绝顶神仙居

透过挂壁公路的"窗户",举头仰望,在赤红色的绝壁顶端有几座小楼,三层,走廊上还挂着红灯笼。郭亮村,好一个神仙住的地方!

挂壁公路在峭壁上钻进又钻出,斜着向上爬了1300米,终于冲出了崖壁。眼前豁然开朗,绿树成荫,山清水秀。沿着小溪,错落分布着几十栋农舍。农舍全凭石块垒起,沿山就势,古朴厚重,颇具特色。

郭亮村群山环抱,村后一层层梯田,延续到山脚下,再往上就是高耸入云的太行山。南面刮来的季风在这里遇到太行山的阻挡,留下了充沛的雨水。山上植被茂密,郁郁葱葱。涌出的泉水汇成一条条小溪,喧嚣着从一群巨石间穿过。清冽的溪水漫过一块青石板,突然不辞而别。显然,那里就是刚才我们在山腰处所见到的瀑布源头。

许多美术学院的学生端坐在巨石上,支着画板写生。村头有超市、饭店,还有小摊售卖旅游纪念品。郭亮村有山,有水,有田,风水极佳,早在汉代就已经有人居住、耕耘,世代繁衍,形成了一个几乎与世隔绝的桃花源。

在天梯不远处有座炮楼。就像平原游击队电影里的炮楼一模一样。有人说这是当年打日本鬼子留下的，也有人说这是日本鬼子修的。走近一看，炮楼是单砖砌墙，别说炮弹，就是一颗手榴弹都吃不消。炮楼脚下是百丈悬崖，一夫当关万夫莫开，拿根扁担就能守住天梯，还用得着费劲修炮楼？当地朋友笑着说，就是，这个炮楼是拍电影的时候修的外景。大导演谢晋在这里拍了好几部电影。村里好多人都当过群众演员。

郭亮村多数农舍依山就势，散落在山坳中，还有些紧贴着峭壁，分明就是我们在崖壁当中看见的那几栋楼。大红灯笼高高挂，招牌上大字分明，农家乐，餐饮，住宿，停车，应有尽有。不过，有恐高症的人还真的不敢住在这儿。路旁有道半米高的石墙，防止人畜不当心跌落悬崖。有座小桥，连接着一个完全独立的几十米高的石笋。跨过小桥，便是观察挂壁公路的最佳位置。

高山青青，溪水潺潺，秋风染黄了路边两排白杨树叶，村头满树红艳艳的柿子和山里红。难怪郭亮村民无论如何也难以舍弃这块风水宝地。由于天梯难爬，许多老人一辈子也没有下过几次山。虽说在山上有吃有喝，可是，交通阻绝，村民们挣不到钱，生活相当贫困。尤其重要的是，小孩子上学怎么办？要不然彻底放弃，远走他乡，要不然就咬紧牙关，在悬崖上凿出一条路来，二者必居其一。

1972年，郭亮村的申明信和12个村民，下定决心要在120米高的丹崖峭壁上开凿挂壁公路。他们没有官方批示，没有官员驾临，没有项目论证，没有银行贷款。没有电力，没有机械设备，没有技术顾问……什么都没有。他们胆大包天，仅仅靠卖山羊、山药筹集的一点资金，开工了。几个农民沿着绝壁爬上爬下，在石缝中钻进钻出，没有工资，没有奖金，没有新闻报道，没有红旗鲜花，只有锤声回荡在空旷的山谷中。他们历时 5 年，硬是用自己的双手凿出了这个"郭亮洞"。据估算，村民们一共用掉了 2000 把 8 磅铁锤，12 吨六棱钢钎。

更险要的昆山挂壁公路

离开郭亮村，沿着盘山路绕来绕去，十余公里，来到昆山村，俨然又是一个世外桃源。当地朋友说，前面的昆山挂壁公路更险。

出村不远，对面一辆满载秋秸的拖拉机下坡驶来。我们的车贴着崖壁停了下来。开拖拉机的农民直着嗓子大喊："不中，不中，刹车不灵，停不住！"我们的司机赶紧跳下车去，从路边搬块大石头，塞进拖拉机的轮下。大家动手整理一下拖拉机上的秋秸，还是难以错车。没法子，我们的车子只好慢慢倒回几十米，找到一个比较宽的地方，让拖拉机过去了。

刚走不远，前面又下来三辆车，其中一辆是高大的宝马越野。为了错车，双方都把汽车的反光镜收回。我们的车窗几乎贴上了崖壁。在几位司机的指挥下，一点一点地移动错车，总算有惊无险，换位成功。

对面来的司机说："前面的挂壁公路高度不够，越野车过不去，只好掉头回来。"

我们的司机说："宝马越野多牛啊，没料到在这里遭遇了滑铁卢。"大家哈哈一笑。

我问："如果进了隧道，对面来车，还能错车吗？"

司机说,"当然不能。不过,上面已经把路封了,要等我们上去了才会开放下行。"

昆山挂壁公路的开凿难度比郭亮村更大。隧道更矮、更窄、更长。有几个几乎 90 度的急转弯。司机抱怨,这哪里是给开车准备的,放羊还差不多。从隧道的"窗户"望出去,红褐色的峭壁上排列着一行窗口,上下都是悬崖绝壁。我趴在石头护栏上尽力探头向下张望,峭壁下树丛茂密,根本看不见当年开凿隧道时丢下去的碎石。

感动中国的回龙挂壁公路

钻出昆山挂壁公路,已是中午时分。在王莽岭景区用餐之后途经太行山大峡谷,驱车前往第三条挂壁公路——回龙挂壁公路。

和郭亮和昆山挂壁公路相比,回龙挂壁公路更长,工程量更大,施工水平也更高一些。郭亮挂壁公路是 1972 年开始施工,到 1977 年通车。回龙挂壁公路是 1993 年开始施工,到 2001 年顺利通车,差不多晚了 20 年。显然,回龙挂壁公路吸取了郭亮村的经验,施工水平大有提高。在回龙挂壁公路的出口处,有一组塑像,下面横着一块石碑,拜读之后,颇有感触。

碑文说:"回龙人民从 1993 年到 2001 年,长达 8 年多的时间,用最简单的生产工具(铁锤、铁锹、镢头、铁钎)修通了 8 公里长的盘山公路和 1000 米长的 S 形隧道。被党和人民誉为回龙精神。自古以来,回龙崖上没有路,只有一条鸟道,人们上来下去不知道死了多少人。明朝万历皇帝一位重臣吏部尚书李戴（新乡市延津人），回故乡探亲，去太行山道教圣地老爷顶上香，到青峰关下无法上去，自己出资修了一条老爷天梯，解决了当时人们上山下山的出路。但因天梯又陡又险，不少人又把性命丢在老爷天梯上；解放后，计算了一下44年间，丢到老爷天梯上性命的人就有18条。1993年，张荣锁同志担任回龙村党支部书记后，带领两委一班人，决心改变这种恶劣环境，修出一条出山路。在修路期间，回龙人以一种战天斗地的精神，克服了种种困难，在无任何科技条件的情况下，靠自己的智慧，采用木杆、绳子等土办法测绘道路的弯度和坡度，使用最简单的工具一点一点地掘进。多少个春夏秋冬群众晚上都睡在石崖洞壁下，成月回不了家。在最困难的时期，群众连白菜、萝卜都吃不上。有时日食一餐，用野菜充饥，但是没有一个群众叫苦叫屈的。在弹尽粮绝时，张荣锁同志毅然决定将自己做生意积累的72万元捐献到路上，相继又把自己的小汽车、石材厂、镇上的门面房廉价卖了26万元都投到了路上。在打隧道期间，张荣锁同志带领10名共产党员，哪里有困难就走到哪里，哪里有危险就出现在哪里。张荣平、董勉祥两名共产党员在排险中不幸遇难。回龙人8年期间投工30多万个，动用土石方90多万立方，总投资900多万元，用汗水和鲜血修通了一条出山路、生命路。河南省委书记徐光春同志热情赞颂了两个靠艰苦奋斗、艰苦创业的典型，一个是林县人民在极端困难的条件下，在太行山的悬崖峭壁上建成了'人工天河'。一个是张荣锁同志带领回龙村群众在千仞绝壁上凿出一千多米的隧道，修通了8公里的盘山公路。"

我们几个人，一边看，一边议论，感慨万千。

碑文遣词造句很通俗，很可能就是回龙村的村民自己写的。虽然有些地方顺应官方文牍的体例说了一些应景的套话，非常难得的是说了不少老实话。张荣锁从部队转业之后，在镇上开了个石材厂，攒了一笔钱，有房、有车，日子过得蛮安逸。1993年他领着村民开凿挂壁公路。在修路过程中几度陷于困境，不得不变卖家产。历经千难万苦，八易寒暑，终于修通挂壁公路。在2002年中央电视台的"十大感动中国人物"节目中，给予回龙挂壁公路的建设者以极高的评价，各种荣誉接踵而至。

张荣锁和他的村民们确实感动了中国，同时也让人困惑：当郭亮、昆山和回龙村的村民开凿挂壁公路的时候，当地政府到哪里去了？难道大小官员们都不知道太行山中的农民迫切需要修路？也许他们对村民的疾苦无动于衷，也许他们认为这是异想天开，完全不可能的事。总之，本该政府管的事情，这些官员缺位了。

在碑文中特别提到，由于修路资金断绝，张荣锁不得不廉价卖掉了自己的汽车、石材厂和门面房，筹资26万元。痛惜之情，溢于言表。其实，对于政府和银行来说，这点钱连九牛一毛都算不上。如果说商业银行给挂壁公路发放贷款有些困难，那么，农业发展银行是干什么的？每年中央下拨的农村建设基金都用到哪儿去了？区区几十万，在哪个项目上都能挤出来。盖一个地方政府办公大楼动辄几百万、几千万，何尝犹豫过？此外，如果中央电视台在村民修路最艰苦的时候报道一下，筹个几十万元，朝发夕至，何至于让村民风餐露宿，啃干粮，吃野菜？打通挂壁公路之后，中央电视台才想到来评选一个"感动中国的人物"，锦上添花不如雪中送炭。

不过，话又要说回来。倘若真的由政府主导挂壁公路工程，不知道要花多少钱。光勘探费、设计费也许就要几十万元。别说一天就吃一顿野菜干粮，施工队伍就是顿顿大馒头，没肉也不行，没钱就撂挑子。毫无疑问，按照挂壁公路的预算，叫公家来干，绝对干不成。村民给自己干，吃野菜也干。

面对着悬崖峭壁，敢不敢修条挂壁公路？几千年来，没有人想过。就是想到了也不敢干。以几个农民的力量向大自然挑战，没有国家的支持，居然给后人留下如此杰作，何等胆气！

古往今来，青山依旧人为客，来也匆匆，去也匆匆，逝者如斯夫！当人们参观鸟巢、水立方的时候，为国力充实而感到欣慰。在挂壁公路前，我们真正地被感动了一回。

郭亮、昆山和回龙的老乡就是有这么一股狠劲，一旦认准了方向，就干到底。砸锅卖铁，破釜沉舟，咬定青山不放松，管它东南西北风，非打通这条天路不可。能够做别人想不到、做不到的事情，就是英雄豪杰，就是创造历史。给后人留下一条路，不枉来人间一趟。给后人留下来一种精神，名垂千古。

活在世上，要有点精神。

2013 年 10 月 11 日

两朝交替叹兴城
——宁远记行

四大古城八大关

人常说,四大古城八大关。四大古城:陕西的西安,湖北的荆州,山西的平遥和辽宁的兴城。无论是从历史还是规模、规制来看,西安都首屈一指。八大关的说法并不统一。山海关、居庸关、嘉峪关、函谷关、紫荆关、娘子关……无论如何排,山海关总是位列榜首。在山海关城楼上高悬着"天下第一关"的匾额,没听说有谁挑战过这个称呼。

有趣的是,很少有人注意到,古城和雄关并肩屹立构成一个完整的防御体系的唯独兴城和山海关。

在四大古城之中,我去过西安、荆州和平遥,唯缺兴城。在读大学的时候,曾经多次路过山海关,在火车上远远眺望长城,无限向往,心里想,以后再说,总有机会的。没想到,一拖就是好几十年,眼看已经年过古稀,再不去,不知道以后还有没有足够的体力。刚好最近手头的研究工作告一段落,张书源自告奋勇，开车带路，于是，不顾天气暑热，和夫人三人说走就走。

北京号称"首堵"，名不虚传。一上三环就堵，好不容易慢腾腾地挪出四环，上了京哈高速。收费站的小姑娘好心提醒，前头堵车了。苦笑，难道还有什么其他的选择吗？硬着头皮开了几百米，就再也走不动了。只见一溜汽车神龙见尾不见头，高速公路成了停车场。有些人忍耐不住，下车做操、散步、遛狗。堵了一个小时，车龙开始蠕动，到事故发生地点才发现不过是两辆车追尾而已。姗姗来迟的警察正在不慌不忙地做笔录。临近五环，又赶上修路，再堵半个小时。

看看手表，不到 10 点出发，已经下午 1 点多了，才刚刚离开北京地界。在新安休息区停下来，随便点了几个菜，没料到红烧排骨的味道好得很。这样新鲜的猪肉在京城里很难见到。蛋花汤还不要钱，价廉物美。要不是堵车，油门一踩，早就过去了。知足者常乐。

北京有句谚语，里七外八。说的是，从北京到山海关 700 华里，从山海关到沈阳 800 华里。兴城距北京 417 公里，如果不堵车的话最多不过 5 个小时。不过，只要出了北京的地界，堵车的概率并不高。说到底，堵车三分天意，七分人为。只要交管当局上心，起码可以把堵车的时间缩减一半。

海洋温泉

兴城有两件宝，养在深闺人未识：第一，温泉；第二，宁远城。

兴城温泉距离海岸不到两公里。天下温泉很多，但是紧贴着海岸线的不多。据说在中国只有福建厦门和辽宁兴城有这样的海洋温泉。兴城温泉最早见诸唐朝初年的地方志，由来已久。温泉水从1500多米深的地下沿着断裂带涌出地表，热气蒸腾，日流5000多吨，属于高温弱碱性矿泉。地热带达4平方公里，有泉眼12处。如今在这一带分布着几十所大大小小的温泉浴池。

古城东南约2公里，有座西洋式建筑，门前大书"张作霖别墅"。1927年6月，"东北王"张作霖在北京就任陆海军大元帅，是当时中华民国名义上的元首。他的老部下，交通部次长常荫槐在兴城最大的泉眼旁边修建别墅，打出的旗号是"铁路浴舍旅馆"。也许是因为开工时张作霖的五姨太亲临现场指指点点，以后张学良曾带赵四小姐来此度假，人们心领神会，把这里叫作"张作霖别墅"。其实，那段时间张作霖在北京忙着应付北伐军，焦头烂额，根本就没工夫出游度假。1928年6月4日，张作霖在回沈阳途中在皇姑屯被日本人炸死。终其一生，张作霖根本就没来泡过兴城温泉。不过，把这里选作张作霖别墅恰恰说明此地温泉不同寻常。

阴差阳错，这块宝地从此和铁路挂上钩。1948年，东北铁路指挥部接管别墅，交给了锦州铁路局，成为东北铁路工人疗养院。张作霖别墅的马路对面如今是"水调歌头温泉酒店"，也是铁路疗养院的一部分。走廊上挂的是东北铁路的历史图片，在院子里还摆上几节当年的硬座车。可惜，车门锁了，只能从窗户往里看看。虽说十分简陋，却很结实。以前出门常坐这种绿皮车，多年不见，时过境迁，不胜感慨。

在温泉酒店的院子里，星罗棋布几十个池子，有大有小，四周用山石围成不规则形状，假山流水，彩塑滑梯，颇为雅致。有些池子的上方有屋顶，如蘑菇，如草帽，如八角亭。有的用竹竿围起来，多少有几分私密。环境设计确实动了一番心思。每个池子边上还有个温度计，提醒游客水温是摄氏38度还是40度，好像最烫的不过42度。从地下涌出来的水温高达摄氏73度，要撂凉了才能注入池子。有的池子里面的水是白的，标明"羊奶池"，红的标明"红酒池"，有的标明药浴池，据说放了多少种中药进去，有的壮腰，有的固肾，谁知道真假。反正泡上一泡，总不至于出事吧。至于说帝王池、贵妃池，究竟什么含义，你愿意怎么想就怎么想吧。泡上一阵，摸上去，皮肤滑滑的，和普通自来水截然不同。

时值旅游旺季，几乎每个池子都泡满了人。我问旁边一个中年人，他们全家八口分乘两辆车，从吉林开过来，目的之一就是来泡泡兴城温泉。

游泳馆极佳，50米的长池，虽说设备有些老旧，水尤清冽，一般游泳池望尘莫及。

到了晚上8点以后，游客陆续散去，只有住在水调歌头酒店的人三三两两还在泡澡。月光之下，彩灯闪烁，海风徐徐，别有一番情趣。

明清交替的焦点

兴城得名于辽代，明末改名宁远。后来，由于在山西、湖南、甘肃、新疆等地还有些地方名叫宁远，为了避免重名，此地恢复辽代古称兴城。依我拙见，应当把宁远的地名保留给兴城。可惜，改名发生在1914年，久而久之，人们已经习惯了兴城，反而很少有人知道这里就是历史书上大名鼎鼎的宁远城。

停车东门外,直奔售票处。明码标价:城内有蓟辽督师府、文庙、将军府等多个景点,联票150元。不过,70岁以上的老人可以免票,65岁以上老人半票。喜出望外,好极了,我今年刚满70岁。孔子说,70而不逾矩。倘若让我买票,守规矩,绝无异议。不过人家优待长者,好意难却。头一次享受没票可以进门的好处,好像捡到了天大的便宜。

宁远城不大。以钟鼓楼为中心,东西南北,四门对称。精华集中在东南。

沿着马道登上城墙。东门的正式名称是春和门。别看规模、高矮皆不及西安、荆州、平遥,然而这里才是真正打过仗的地方。城门楼上插着几杆三角旗,中间一个"袁"字,当年袁崇焕正是在这里打败了努尔哈赤和皇太极。

在城楼上排列着几门红夷大炮。生铁铸就,长2.71米,口径40厘米,重500公斤。据说是在明朝万历以后从红夷(荷兰)进口的大炮,在天启元年(1621年)明朝廷命李之藻仿制,次年就开始成批生产。遗憾的是在炮身上找不到任何铭牌,更找不到"Made in China"。

明朝嘉靖之后,政治腐败,国力衰落,内外交困。在白山黑水之间,以努尔哈赤为首的满族集团蓬勃兴起。1583年,努尔哈赤以13副铠甲起兵,仅仅35年之后,1618年,努尔哈赤以少胜多,在抚顺附近的萨尔浒大败明军,1625年定都沈阳。明清双方攻防易位,战争前线被推进到辽西走廊。

明朝天启三年(1623年),明朝的大战略家孙承宗以山海关长城为拱卫京师的屏障,命祖大寿前出200里,屯兵宁远。不久,令袁崇焕率兵三万,民夫一万,用了一年时间重修宁远城。招当地百姓垦荒屯田,发展采煤、煮盐、海运,充实民力。

随后，命祖大寿再前出200里建锦州城。三点一线。配合周边的松山、大凌河等堡垒，构成一个完整的积极防御体系。

清兵善野战，明军善守城。孙承宗扬长避短，改变了明朝被动挨打的局面。宁远和锦州像两颗钉子一样，稳住了辽西走廊。清兵也许可以绕城而过，但是，后勤粮草却飞不过去。人马过去了，待不了几天还得再回来。不拔掉锦州和宁远这两颗钉子，清兵就休想进入关内。宁远成了明清双方政治、军事博弈的焦点。孙承宗镇守辽东期间，主动权很明显地掌握在明朝手中。辽东几乎没有重大战事。

努尔哈赤知道，倘要扭转战局，必须赶走孙承宗。他做不到的事情，明朝的大太监魏忠贤替他做了。1625年孙承宗受到魏忠贤的陷害，愤而辞职。孙承宗一去，努尔哈赤喜出望外，立即在1626年，带兵扑了过来。当时的明朝兵部尚书、辽东经略高第慌张失措，命令关外锦州、大凌河等卫所撤回山海关。不战而退，"死亡载途，哭声振野，民怨而军益不振"。孙承宗辛苦几年建立的防御体系大半被放弃毁坏。

唯独镇守宁远的袁崇焕拒不服从撤退的命令，仅以万余人马坚守。无论明清或朝野，几乎所有的人都断定宁远必失。努尔哈赤派人招降，袁崇焕严词拒绝。两军激烈交战，努尔哈赤在阵前被红夷大炮击中负伤，狼狈退兵。不久伤势恶化，死在沈阳。

仅隔一年，刚刚登基的四贝勒皇太极为了报仇，亲率大贝勒代善、二贝勒阿敏、三贝勒莽古尔泰以及济尔哈朗、阿济格、萨哈廉等悍将再度来到宁远。清廷的四大贝勒和主力倾巢而出。袁崇焕率满桂、尤世禄、祖大寿守城。双方精锐毕出，将星闪耀。结果，袁崇焕的战略"守为正著，战为奇著"再度取胜。宁远城铁壁铜墙，挡住了清兵入关的道路。皇太极损兵折将，什么好处也没捞到。6月4日宁锦大捷，明朝士气大振。

胜利的消息传到北京，天启皇帝犒赏有功将士，有功者6461人，第一名是大太监魏忠贤。连魏忠贤只有3岁的侄孙都加封安平伯。前线统帅袁崇焕在封赏名单上位列第86，仅仅加衔一级，赏银30两。赏罚分明是军队士气的根本。如此昏庸尚且不算，刚刚取得小胜明廷就排挤忠臣良将，反而怪罪袁崇焕没有及时出援锦州。

大胜之后不到一个月，在7月1日，袁崇焕以病为由请辞回乡，第二天就获准。宁远军民挥泪相送，袁崇焕临行赋诗：

> 杖策只因图雪耻，
> 横戈原不为封侯。
> 故园亲侣如相问，
> 愧我边尘尚未收。

袁崇焕说得非常清楚，清兵肯定会卷土重来，边尘再起就危险了。可是，紫禁城里的王公显贵们哪里懂得这些道理。

1627年8月22日，天启皇帝驾崩，崇祯皇帝继位。在清除了魏忠贤阉党之后，11月崇祯皇帝再度启用袁崇焕。他以兵部尚书的身份督师蓟辽，整顿军务，积极进取，雄心勃勃地试图恢复辽东。

1629年，皇太极避开宁锦防线，从喜峰口绕道杀进关内。袁崇焕带兵勤王，疾驰入援，在广渠门外鏖战，击走清军。生性多疑的崇祯中了皇太极的反间计，冤杀袁崇焕。在临刑前袁崇焕赋诗：

> 一生事业总成空,
> 半世功名在梦中。
> 死后不愁无勇将,
> 忠魂依旧守辽东。

如果,午夜三更,风雨间歇,宁远城头,一匹骏马在月光云隙中无声地疾驰而过,那就是袁崇焕回来了。死了还要守护辽东,何等忠勇!

祖大寿驻军北京城下,闻讯大惊,用自己的官职和封荫向朝廷力保袁崇焕,毫无效用。祖大寿可不是个软柿子,二话不说,马上带领部下直奔山海关而去。按说军中大将在没有命令的情况下擅自行动是要受到严惩的。可是,崇祯皇帝敢杀广东籍的一介书生袁崇焕,却不敢动祖大寿。

祖大寿是辽东地方实力派。溯源而上,祖氏家族八代从军,是镇守辽东的名门望族。祖大寿的弟弟祖大弼、堂弟祖大乐、妹夫吴襄、外甥吴三桂都手握兵权。他们世居辽东,有大片土地庄园,佃户、家丁就是他们家族武装的基础。为了自身利益,祖氏家族世代抗清。祖大寿擅自率兵冲出关外,回到宁远城。此后,无论朝廷如何传唤,祖大寿坚决不进北京。只要祖大寿不离开辽西,朝廷就拿他没办法。从外表看起来,明朝似乎很强大,但是君臣将帅,离心离德,互不信任。

说不尽的祖氏牌坊

在兴城的主要街道上屹立着两重石牌坊。石坊高约 11 米,宽 12 米,四柱三间五楼,单檐庑殿顶。柱前各有石狮四对，造型生动，栩栩如生。往来游客也许见过许多石坊，例如，在徽州乡间田头一连串好多个贞洁碑、状元坊等等，不足为奇。可是，兴城的这两座牌坊却含义深远，举世无双。在 1754 年，在立碑 123 年之后，乾隆皇帝的两句诗让这两座石坊名垂千古。

若非华表留姓名，
谁识元戎事两朝。

元戎指的是祖大寿、祖大乐兄弟。两朝指的是明朝和清朝。乾隆皇帝一辈子写了一万多首诗，诗多好的少。唯独这两句诗让人回味无穷，褒兮贬兮？赞兮讽兮？

要弄清兴城祖氏牌坊的来历，必须搞清楚修建石坊的背景。1631 年，崇祯皇帝亲自下旨给祖大寿修了第一座牌坊。正中四个大字"忠贞胆智"为大学士孙承宗所题。

1631 年，在杀掉袁崇焕之后，明廷不得不让孙承宗再次担任辽东经略。孙承宗命祖大寿率 4000 人马守大凌河。城防工事尚未完工，在 1631 年 7 月被皇太极团团围住。祖大寿坚守到 10 月，弹尽粮绝。他使诈降之计，骗皇太极说愿意回锦州招降部属，奔进锦州之后立即关闭城门，继续坚守。皇太极上了一个大当。

实践证明祖大寿是忠诚坚贞的。在袁崇焕被杀的时候，祖大寿可以投奔清兵。在大凌河被围困的时候更有理由投降。可是，祖大寿脱险归来，依然如故，坚持守土抗清。

大凌河失守，崇祯皇帝欺软怕硬，明摆着祖大寿先有抗旨欺君之罪，后有战败失地之过，非但不惩罚还要下旨，立了这个碑，大肆表彰。可是，孙承宗却被再次排挤下台，告老还乡。

1638年，朝廷为祖大寿的堂弟祖大乐修建另外一座牌坊"登坛骏裂"。毫不掩饰地要求祖大寿家族继续为朝廷卖命。

祖大寿英勇善战，始终是清军最难缠的对手。给祖大寿"忠贞胆智"的评语并不过分。但是，难道孙承宗、袁崇焕就不"忠贞胆智"吗？1638年，清军深入内地，围攻保定高阳。孙承宗带家人死守，城破被俘，拒不投降，光荣捐躯，享年75岁。

1642年，祖大寿被清军围困在锦州长达一年之久。明朝派洪承畴带13万人马来解围，2月18日在松山大败，洪承畴被俘降清。3月8日，在彻底绝望的情况下，63岁的祖大寿回天无力，不得不放下武器，被部下抬出城外。按理说，皇太极对祖大寿恨之入骨，非要碎尸万段不可。恐怕连祖大寿自己也没打算要活下去。可是，皇太极和多尔衮出人意料地礼遇祖大寿。没动宁远城里祖氏石坊，还让祖大寿北京城里养老。

顺治、康熙、乾隆都有一条很重要的原则，注重气节。哪怕是为清军入关立下大功的洪承畴等人，朝廷给予的评价都甚低。恰恰相反，康熙皇帝曾在一把大刀上写"此刀曾杀天下第一忠臣"，因为清军用这把刀杀了在扬州英勇抗击清军而捐躯的史可法。祖氏石碑是明朝皇帝为了表彰祖家世代镇守边疆而立。明清是交战双方。每战必有祖家人捐躯，也少不了清军的将领士卒丧命。为什么清朝不拆除祖大寿石碑？惺惺惜惺惺，多尔衮、顺治、康熙、乾隆敬重英雄，因为他们也是英雄。

1656年，祖大寿在北京逝世，顺治皇帝下旨按照一品大臣礼遇安葬，封镇国将军。顺治、多尔衮是做给其他大臣、将军们看的。明朝君主薄恩寡义，动不动就诛杀大臣良将，清朝君主能够善待祖大寿这样的劲敌，不仅有风度还有自信。

蓟辽督师府的石像群

蓟辽督师府是宁远城的心脏。

袁崇焕在1628年受命督师，在宁远卫衙门的基础上翻修扩建了这座蓟辽督师府。袁崇焕两次打败清军的前线指挥部就设在这里。16年以后，吴三桂奉命撤兵进关勤王，临行前一把火给烧了。好在还留有当年的图纸，近年，人们按照袁崇焕时代的布局重修了蓟辽督师府。

府门后有一亭，中间立碑，"公生明"。这三个字源自于《官箴》："吏，不畏吾严而畏吾廉；民，不服吾能而服吾公。廉则吏不敢慢，公则民不敢欺。公生明，廉生威。"明朝之亡，亡在吏治腐败，不公道。

督师府大堂展示着明代官服和印信等文物。每天上午、下午都有一场实景表演。袁崇焕升堂，和文武官员议事。探子来报，清兵杀来了。袁崇焕慷慨激昂地和众官员歃血盟誓，率军登城抗敌。大热天的，业余演员们穿着戏袍、盔甲，跑来跑去，满脸是汗。

在蓟辽督师府里有个很现代化的展示馆，用高科技投影绘声绘色地展示了清兵围困宁远，攻城，然后败退的场景。还有一段著名的皇太极的庄妃劝降洪承畴的故事。

在展示馆外面有十几个石雕，分别是宁远战役的明军将领,祖大寿、赵率教、满桂等。也许是艺术家有意为之,这些武将们个个面容严肃,悲催。

袁崇焕和宁远将士为国守边,值得歌颂,名垂千古。可是,这场战争的性质并不是外国入侵,而是中国人之间的内战。满族难道不是中国人吗?康熙、乾隆难道不是中国人吗?既然林则徐、邓世昌是民族英雄,那么,努尔哈赤、皇太极、多尔衮也是中华民族大家庭中的英雄。人们熟知《三国演义》,魏蜀吴三分天下。辛弃疾词曰:"天下英雄谁敌手?曹刘。生子当如孙仲谋。"在他的眼中曹操、刘备和孙权都是盖世英雄。

袁崇焕和皇太极是同时璀璨的一对双子星。

在宁远城头守城的是英雄,在宁远城下攻城的也是英雄。而且,攻城的这一拨人打下了江山,开创了280年的清王朝基业。中华民族在清代得到长足发展,疆土得以扩大,人口得以繁衍,经济得以繁荣。用历史唯物主义的观点来看问题,新兴的清政权代替了腐朽的明朝,这是历史的进步,而不是退步,更不是外国入侵。既然纪念守城将士,为何不纪念攻城将士?

是否可以考虑,以同等身量再雕刻一组石像,让努尔哈赤、皇太极、多尔衮等人和孙承宗、袁崇焕、祖大寿再次聚会?如果在艺术上不好处理的话,蓟辽督师府有好多院子,是否可以在另外一个院子里让清朝将领们展示一下他们的英姿?

当年,皇太极、多尔衮容得祖大寿,为什么今人容不得皇太极、多尔衮?

一叛再叛的吴三桂

凡是去过兴城的人都认为蓟辽督师府的主人是袁崇焕。

实际上，袁崇焕从 1628 年到 1629 年在这里指挥作战，前后大约两年。隔几任之后的宁远总兵是吴三桂。他在这里住了十几年，一直活动到 1644 年。吴三桂在这里住的时间比袁崇焕长多了。

人都说，吴三桂引清兵入关，是个大汉奸。吴三桂人品不好，与其说"汉奸"不如说叛徒更贴切。吴三桂在 1644 年先降李自成，随即叛变；他深入缅甸追杀永历帝，彻底背叛明朝；他当了清朝几十年的平西王，晚年起兵又背叛清朝。不折不扣是个大叛徒。事实证明，降将可用，叛将不可用，因为能够叛一次就难免不叛第二次。吴三桂一叛再叛。无论从哪个角度来写历史，他都是一个反派人物。

其实，在蓟辽督师府的吴三桂还不坏。在松山大败之后，吴三桂退守宁远，收拢旧部，很快召集了 5 万人马。清军依然没有能从这里跨越长城防线。

就在这个时候，李自成的农民军迅速崛起，跨越居庸关，兵锋直指北京。崇祯皇帝急令吴三桂带兵勤王。崇祯的逻辑是：清军不过十几万人马，大了不起掠夺财物，占领几个城池，可是，李自成百万大军到北京来，为的是改朝换代，要他的命。崇祯皇帝不顾一切，命令吴三桂放弃宁远，立刻入京。众所周知，在两军对峙关头，只要阵脚一动就可能兵败如山倒。吴三桂从宁远撤军就不怕清军在屁股后头追着打？

恰恰这个时候皇太极突然去世，清廷内部出现了激烈的权争。按理说，皇太极去世，他的长子肃王豪格文武全才，理当继位。倘若如此，执掌大权的睿王多尔衮何处安身？不知道有多少电视连续剧拿这段史实做戏，一个戏一个版本，故事情节各不相同，反正最后结果是多尔衮和庄妃博尔济吉特氏合谋立了年幼的福临继位。

当时，吴三桂处境非常艰难。撤兵回援北京，清军入侵怎么办？但是不回援北京，皇上怎么办？趁着清廷内部忙于解决继位的大事，吴三桂遵照崇祯的命令，把宁远周边50万军民撤回山海关。离开宁远的时候，坚壁清野，一把火烧掉了蓟辽督师府。吴三桂这次大搬家任务完成得很好。

1644年3月20日，吴三桂按照崇祯皇帝的旨意，在布置好山海关防线之后，带着3万精兵，赶往北京勤王救驾。赶到丰润，得知京城已经于3月18日陷落，崇祯皇帝自缢于煤山。吴三桂勤王没有了对象，无可奈何，只得返回山海关。随后李自成的使者来招降，由于吴三桂的父母及家眷都在北京，不得不答应归顺。

如果主公还在，本方的战友还在，突然背信弃义，投奔敌方，这叫叛徒。如果主公没了，本方的队伍散了，抵抗已经没有意义，那叫降将。吴三桂投降李自成，属于降将。

吴三桂接受了李自成的钱财和官职，带着本部人马来北京拜见新主。没料到刚走到卢龙便得到消息，李自成部下的流寇作风不改，在北京城抢掠财物，绑票勒索，连吴三桂的老爹也不放过。最让吴三桂不能忍受的是他的爱妾陈圆圆也被李自成的大将刘宗敏抢走了。"冲冠一怒为红颜"，吴三桂立即掉头杀回山海关，赶走了李自成派来的人，从此和大顺朝不共戴天。吴三桂已经投降，接受了封赏，出尔反尔，属于叛将。

以往的文学作品中过度美化、拔高了李自成，好像只要是农民起义就天然合理、正确。岂不知有的农民起义是反抗暴政，救民于水火，有的农民起义实质上属于暴徒骚动。在历史上破坏力最大的就是流寇。农民起义有好的，也有坏的。区分好坏就看他执行一个什么样的政策。在小学教科书中说，李自成的口号是"迎闯王，盼闯王，闯王来了不纳粮"。这个口号极具号召性。明末朝廷除了征收正常的税收之外，还要加征"练饷"、"辽饷"，甚至提前几十年征收，敲骨吸髓，老百姓不堪重负，纷纷投靠农民起义军。可是，李自成不征粮，没有合理的财税制度，整个国家机器如何运转？上百万的农民军吃什么？唯一的出路就是抢！攻下一座城池就烧杀抢掠。攻占了北京，还是强盗习气，到处强抢。大顺军很快就失去了民众的支持。李自成退出北京之后处处被动，站不住脚。史书记载，最后杀死李自成的既不是清军，也不是明军，而是当地的"地主武装"。何谓地主武装？说白了就是当地老百姓为了保护家乡拉起来的农民武装。李自成是农民起义军的领袖，最后死在农民手中。岂不哀哉！政策错了，成也快，败也快。

在1644年，吴三桂夹在清军和李自成中间，怎么办？即使投降李自成也难逃一死，在慌乱之中只能向清军借兵。吴三桂甚至许诺在共同打败李自成之后不惜"裂土以酬"。说白了，就是割让大片领土，甚至像当年石敬瑭一样，给清廷当儿皇帝。可是，吴三桂弄错了讨价还价的对象。多尔衮，何等厉害！投降可以，借兵没门。降与不降，由不得你。清军立即挥师挺近，兵临关下。多尔衮让吴三桂和李自成在山海关附近的一片石决战，当两军杀得筋疲力尽时，清军精骑突然登场，李自成大败。

多尔衮答应吴三桂所部为崇祯皇帝戴孝，并且隆重地给崇祯皇帝发丧、安葬，给了吴三桂很大的面子。另一方面毫不含糊，马上给我当炮灰，令吴三桂西下陕西，南进湖广，追杀李自成余部。上贼船容易，下贼船难。吴三桂不得不背井离乡，越走越远。15年后（1661年），在吴三桂的追击下，南明的永历皇帝朱由榔越境亡命缅甸。如果吴三桂到此为止，给故主留条余脉，对上对下也许都能交代过去。可是，吴三桂为了对清廷表示忠诚，居然带兵闯入缅甸捕杀永历皇帝。至此，吴三桂彻底背叛了明朝。

顺治皇帝封吴三桂为平西王，管理云南、贵州一大片地域。为笼络吴三桂，还召吴三桂的儿子做额驸（驸马），和吴三桂成了亲家。吴三桂在云贵嚣张跋扈，鱼肉百姓，圈占民田，横行霸道。康熙皇帝登基后下决心削藩。1673年，吴三桂在降清将近30年后再次叛变，起兵反清。8年之后（1681年），康熙皇帝平定了三藩之乱。

1644年，吴三桂叛变李自成的时候，李自成把他的老爹吴襄和全家34口全部杀光。只有在山海关的家人得以幸免。1673年，吴三桂在云南再叛，康熙皇帝把吴三桂留在北京的全部亲属，包括他的长子、已经当了驸马爷的吴应熊和长孙吴世霖等人全部诛杀，一个不留。1681年平定昆明后，凡是吴三桂的亲属一个不少，全部见了阎王。吴三桂把全家害惨了，断子绝孙。由此可见，当叛徒的代价很高。

拜谒文庙说文化

按说宁远城是一座军事堡垒，除了红夷大炮之外就是兵营，却没有料到在宁远城里有这么大的一座文庙！文庙和宁远城同时修建，南北长200米，东西宽84米，古柏参天，青砖灰瓦，2006年被列为全国重点文物保护单位。宁远城的开创者孙承宗不仅是个军事家还是文学家、教育家，了不起！

和全国其他文庙相比，兴城的文庙并没有什么特殊的地方。精华集中在后院的碑林。墙上镶嵌着一组浮雕石刻，生动地描述了孔夫子治学育人的一生。院内有百十块诗碑，其中许多作者是历史上和宁远城有关的名人，如孙承宗、袁崇焕、卢象升等。无论是诗文还是书法都非常出色。可惜天气太热，穿行在碑林之中，挥汗如雨，气氛不够协调。最好是在月色之下，面对几块诗碑，慢慢吟诵，细细体会，竹林婆娑，疏影摇曳，探访了袁崇焕之后携手去和孙承宗论道。

在大成殿前，人头攒动，游客们把一把又一把香丢进香炉，烟雾缭绕，为的是祈愿孩子考上大学。可是，非常遗憾，在碑林中连一个游客的影子都没有见到。

在文庙大门口，地面小道用石子、瓦片铺就各色图案。一位导游小姐大声说："进了文庙，看仔细脚下，千万别踩错了。"

"这是什么？"她用导游旗子指着路上用几片瓦围成的铜钱图案，问道。

大家回答："钱！"

"回答正确，你们很有希望。再看这是什么？"路上，几片瓦围成花状。

"花。"

"注意，你们第一脚要踩在钱上，第二脚踩在花上，继续往前走，这叫什么？有——钱——花！有钱花！"

这个旅游团20多个人居然排成一队，一个接着一个，嘴里念念有词："有钱花，有钱花。"

天哪，这里是文庙，是孔夫子的殿堂。

蓟辽督师府的实景表演，虽说只有阵阵战鼓，却让人血脉贲张，豪情万丈。在文庙中也有实景表演。广播中传来古典乐曲，一队姑娘身着满族服饰登上大成殿前的平台。游客们纷纷聚集在树荫和屋檐下，躲避着当头烈日，期待着高水平的艺术表演。仅仅二三分钟，人们便失望了。脚踩在三寸厚的花盆鞋上，还敢做任何大幅度的动作吗？姑娘们不过是在枯燥地甩动着手绢，缓慢地变动队形而已。游客们纷纷散去，有人大声呼唤那位"有钱花"的导游，且不知她躲到哪里去喝水、乘凉去了。

山海关，老龙头

长城像一条巨龙，蜿蜒万里，从嘉峪关一直到山海关。山海关，有山、有海、有关。三个字，没有一字落空。山海关防御体系的顶端直插入海，人称老龙头。如今这里已经成为游人如织的景点。

老龙头就是当年的兵营。主官叫"把总"，相当于今天的营长，下辖500名官兵。把总衙门并不大，一组塑像生动地复制了当年情景。

人常说，看景不如听景。此言有理。要把眼前的风景用语言描绘出来，确实有一定难度。要让听者为之心动，难度更大。因此，最好的办法就是四周看看，有没有前人在这里留下的诗碑。李白来到黄鹤楼时写道："眼前有景道不得，崔颢有诗在上头。"连诗仙尚且如此，更何况我们？

老龙头的制高点是阅海楼。登楼远眺，海天苍茫，气象万千。在阅海楼前有不少石碑，书刻着历代文人关于山海关的诗作。康熙、乾隆等清朝皇帝皆有诗文,但是,用词僵硬,用典偏僻,味如嚼蜡,不敢奉承。反倒是民间诗人的佳作值得推荐欣赏。

例如,在一块石碑上刻着清代陈丹的一首阅海楼诗。文采和书法极佳。

> 长城万里跨龙头,
> 纵目凭高更上楼。
> 地近蓬壶仙做主,
> 杯倾海屋酒添筹。
> 大风吹日云奔合,
> 巨浪排空雪怒浮。
> 借得雄涛洗磊块,
> 又看新月上银钩。

登上阅海楼,似乎望见海中的蓬莱、玉壶仙岛,以大海为酒畅饮,大风巨浪皆来助兴,世间还有什么化解不了的忧愁?

还有一块石碑直接镶嵌在城墙上。署名是清代陈有恒写的"山海关"。

> 雄关划内外,
> 地险扼长安。
> 大海波光阔,
> 遥峰杀气寒。
> 疆场百战后,
> 烟火几家残。
> 塞草连天碧,

行人不忍看。

眼前风和日丽,景色旖旎,当年却是刀光剑影,横尸百里,血流成河的古战场。在连天碧草之下,覆盖了多少战士的残骸。

在城楼上有块石碑,上书"一勺之多"。听见一位导游介绍:"有位外国使节问乾隆皇帝:'你们中国的大海有多大?'乾隆回答道:'一勺之多。'乾隆的气魄把洋鬼子都镇住了。"

导游的解释很有趣,却不符合事实。这四个字取自于《四书》中的"中庸",原文是:"今夫水,一勺之多,及其不测,鼋鼍,蛟龙,鱼鳖生焉,货财殖焉。"意思是说,广阔无垠的大海是由一勺一勺的水积累起来的。一旦深不可测便可孕育鼋鼍、鱼鳖、蛟龙,繁殖万物。把这块碑放在万里长城的起点阅海楼上,启示了深沉的哲学思想。既不要漠视小小的一勺水,也不要在无边的大海面前感到失落。三千年前我们的祖先就如此博学,如果他们知道21世纪初叶的人竟然如此肤浅浮躁,会怎么想?

山海关前论气数

山海关雄关耸立,号称"两京锁钥",连接着北京和盛京(沈阳)。从山海关、宁远到锦州,面积虽然不大,却构成了明清双方拉锯交战的主战场。史迹甚多,人文底蕴非常厚实。在世界上类似的地方并不多。

在讲述清军进关前后的故事时,有些人不知道该站在明朝这一边还是清朝这一边。之所以有这样的尴尬,很大程度上来自于孙中山在辛亥革命中提出的口号"驱逐鞑虏,恢复中华"。这个口号当时具有很强的战斗力,起到了颠覆清王朝的重要作用。可是,但是仔细推敲起来却颇有不妥。

"赶走日本鬼子",完全正确。对付入侵的豺狼,迎接它的只有猎枪。可是,鞑虏是谁?孙中山当年给出的定义非常明确:清朝政权。

毫无疑义,满族人是中国人,从人口上来说,占前五位的民族除了汉族之外,还有壮族(1617万)、满族(1068万)、回族(981万)、苗族(894万)。满族位居第三。不过,这个数字并不准确。我有一个满族同学。他曾祖母是满族,祖父有二分之一的满族血统,父亲有八分之一,到他这里只有十六分之一。可是,由于国家对少数民族有各种各样的优惠政策,例如,高考录取分数可以降低好多分,因此他们全家毫无疑义地都声称自己是满族人。既然满族人都是中国人,你能把他们驱逐到哪里去?

在进关300多年后,满族已经被深度同化了。

满清立朝以后,派满人到各省当官,本意是让他们享受荣华富贵,却没有料到一旦脱离了白山黑水,久而久之,除了天子脚下之外,基本上找不到满族聚集地区。只有在北京城里的皇族和八旗子弟还聚集在一起。但是和整个中国来比,人数微不足道。

满族语言早就被湮没在汉语中了。连慈禧太后和光绪皇帝都不会说满族语言,更何况一般的满族民众?满族有原始的萨满教,可是今天还有几个人知道萨满教?

从血统上来讲,中华民族本身就是一个大熔炉,早在五千年前,陕西的黄帝、河南的炎帝和山东的蚩尤部落就相互融合，构成汉族的主体。历史上有许多少数民族入主中原，例如刘渊的匈奴、苻坚的氐族、拓跋焘的鲜卑族等等，朝代更替之后，这些迁入中原的少数民族都不见了，和周边的民众融合成为一体。我们的图腾是龙，马头、鹿角、鱼鳞、蛇身……本身就意味着多个民族图腾的融合。在我们任何一个人的身上都可能找到这些远祖的基因。"五十六个民族五十六朵花，五十六个民族是一家。"

在清王朝终结之后，孙中山很快就意识到这个问题，提出了汉、满、蒙、回、藏五族共和。其实，绝大部分满族人和汉族人已经没有任何区别了。

在宁远城的展览中，明朝是正方，清朝是反方。仔细想一想，如此简单区分是否合适？明清之争是中国人内部一个集团战胜另一个集团。关键在于哪一个集团更有生命力，更能够代表历史前进的方向。

清朝取代明朝，是进步还是退步？要看哪一个朝代更能适应社会发展。明末政府已经腐败到了无可复加的地步。奸臣、宦官当政，饥荒连年，民不聊生。河南、陕西、山东等地天灾人祸，草木枯焦，赤地千里，人相食，老百姓没有活路。明末农民大起义是腐朽的官府逼出来的。而清朝内部团结，努尔哈赤、皇太极推行了一系列政策，发展生产，笼络人心，充满了活力，蒸蒸日上。清廷内部虽然也有权力斗争，但是总体上来说还能保持高度团结。对外作战相互配合，服从命令。清初的几个皇帝都不错，励精图治。明末全国人口只有5000万，康熙五十年（1711年）全国人口统计为7780万。雍正八年（1730年）全国人口增加到8051万。乾隆六十年（1795年）增加到3亿。道光十五年突破4亿大关。单从人口总数的迅速增加就可以得出结论，清初是中华民族的一个高速发展的时期。疆土扩大，国力强盛。

站在山海关上，望着长城蜿蜒西去，关内、关外生机勃勃，一片和平繁荣景象。人们来到这里凭吊370年前双方登场的英雄豪杰。他们在历史上留下了浓彩重墨的一笔。

在山海关较量的结果很清楚：清军胜了，明军败了。

从兵力来讲，满洲军队62000人，加上蒙古军23000人，汉军33000人，一共才12万人。李自成的农民军100多万，张献忠拥兵50万，南明军队60万，左良玉在武汉号称有50万人马，反清的兵将总数高达二三百万。双方简直不成比例。

从经济规模来讲，前者的GDP恐怕还赶不上后者的一个零头。

从武器装备来讲，明军有红夷大炮，清军只有马刀、长矛。

从文化传统来讲，明朝继承了五千年的优秀文化艺术，清朝的文字尚在初创阶段。

为什么实力相差如此悬殊的双方较量却得出了完全出人意料的结果？关键是在人才竞争中，清军完胜明军。

明朝不是没有人才，孙承宗、熊廷弼、袁崇焕、卢象升等，只要有一个这样的人才，辽东就守得住。可是，这些人才都被明廷自己给废了。崇祯在位17年,动不动就诛杀大臣，总共杀了7位总督、11个巡抚，换了17个刑部尚书，走马灯一样，一年换一个。明朝的将相都成了悲剧人物。崇祯在自杀之前哀叹"朕非亡国之君，事事皆亡国之象"，"内外诸臣误我"。他到死还没有明白，是他自己把人才都给糟蹋了。如果为朝廷拼死搏斗，最终还被朝廷处死，还有谁肯卖力？当政愚蠢，自毁长城。

清朝初期英雄辈出。关键在于清朝是在竞争中选拔人才。清朝初年不拼爹，按功论赏。王公贵族的子弟没有任何优惠和照顾，在宁远冲锋陷阵的都是八旗子弟。连皇上和皇子们都身先士卒，英勇作战，冲锋在前，退却在后。在第一次攻打宁远的时候，努尔哈赤本人中炮负伤。第二次攻打宁远，皇太极的白龙旗被击中，几个贝勒都身负重伤。不论门户，不凭钱财，不走后门，只有凭战功才能得到晋升。多尔衮、多铎、阿济格、济尔哈朗、豪格等都是在战斗中培养出来的能征善战的军事将领。不仅清朝皇族中人才济济，还能重用投降过来的汉人，善待祖大寿就是收拢人心、争取人才的高招。

什么叫气数？关键看人才。如果人才凋零，一代不如一代，这就是气数已尽。明末清初，明朝气数已尽。风水轮流转，到了清末，八旗子弟成了纨绔子弟的代称，人心涣散，满朝尽是奴才、庸才，清朝气数已尽。

在明清交替的岁月中，明朝代表着腐朽、衰败，而清朝代表着新兴、希望。虽然通过山海关的清军人马只有十几万，居然摧枯拉朽，在很短的时间内就击败了拥有上百万人马的农民军和明军。山海关就是这段气数变换的见证。

2015 年 8 月 15 日

柏林禅寺学论禅

——赵州记行

天下第一赵州桥

应邀去石家庄讲了一天课。课余,泡泡著名的白鹿温泉。没有想到在河北平山会有这么大的一座温泉,而且修得这么好。

第二天,兴致勃勃地去看赵州桥。我的朋友付建中说,看赵州桥用不了多少时间,可以顺路拜访柏林禅寺,然后再返回北京。老实说,我对柏林禅寺一点概念都没有。既然时间允许,不妨路过看一眼。

从白鹿温泉出来,上高速公路,路况很好,风驰电掣,很快就从石家庄的东北角绕到东南角,在赵州收费站下高速,穿过县城,远远就看见一处飞檐楼阁,匾额大书"中国赵州桥"。一看就知道是刘炳森的字,何等气魄!院内瞰园阁的横匾上,林默涵草书"天下第一桥"。毫不谦让,充满自信。

人常说,"墙里开花墙外红"。不妨随便问问身边的人,中国美术的精华在哪里？翻开外国出版的艺术史教科书，人家早有定论：中国的雕塑要看平遥的双林寺，绘画要看芮县的永乐宫。当我拜访这些地方的时候，看到一些外国人不远万里赶去，在国宝面前无比震撼，赞不绝口。遗憾的是，在这些艺术殿堂中，除了中央美术学院的师生之外，一般游客们烧炷香之后，掉头就跑了。

在欧美的建筑学、力学教科书中多次提及赵州桥，声名遐迩。可是，网上的驴友留言，赵州桥不过一座石桥，没啥好看。如此浅薄，让人不知道说什么才好。

许多人知道赵州桥，主要是因为一首耳熟能详的民歌《小放牛》：

> 赵州石桥鲁班爷来修，
> 玉石栏杆圣人留。
> 张果老骑驴桥上走，
> 柴王爷推车碾了一道沟。

按民歌所唱，只有鲁班爷爷才有本事修赵州桥。其实，赵州桥始建于隋大业二年（606年），设计师是李春。有唐朝和宋朝的石碑为证。无论如何，大可不必与民歌较真。没准李春就是鲁班爷爷的转世化身。

赵州桥修好之后，各路神仙纷沓而至，想试一试这座桥到底结实不结实。八仙当中的张果老骑着毛驴上了桥，没想到这个老头的背囊里藏着日月星辰。柴王爷（周世宗柴荣）推着独轮车也来了，大宋王朝的开国君主赵匡胤在前头弯腰拉车，没料到车上装的是泰山、华山、恒山、衡山和嵩山。鲁班见赵州桥眼看要压垮，飞身一跃，单臂托起了赵州桥。

你想一想，连五岳加上日月都压不垮，赵州桥有多结实！1966年邢台大地震，震中离赵州桥还不到 40 公里，赵州桥安然无恙，毫发未损。

桥面上有柴王爷的车辙印和张果老的驴蹄印。游人纷纷弯腰，摸得油光锃亮。

进大门后，路旁站立着八仙塑像。钟离权、铁拐李、吕洞宾、张果老、何仙姑、蓝采和、曹国舅和韩湘子，有老有少，有肥有瘦，有男有女，有丑有俊，有富有穷，五花八门。管他什么来历，好玩就行。在八仙行列的最后又加上一个小放牛和柴王爷。八仙到这里发展成为十仙，谁说民间没有创造力？

赵州桥全长 64.4 米，净跨 37 米，形似长虹，状如新月，空灵秀美，飞跨南北。如果把弧度画圆，直径达 55 米。造型极为优美。

在主跨之上还有对称的 4 个小跨，在工程上叫作敞肩圆弧拱。不仅节省材料，减轻了桥体的重量，在洪水季节还可以有效地泄洪，降低洪水对桥体的冲击力。

1933 年，建筑大师梁思成考察赵州桥。出乎他的预料，一般石桥采用横向并列法建造桥拱，而赵州桥的桥拱由 28 道纵向拱券组成。纵向造拱可以化整为零，砌好一道之后再砌一道。假若以后有一道拱券受损，尽可单独修理而不会影响整个桥体稳定。采用腰铁、勾石等加强横向联系，组成一个完整的稳定结构。最令人惊叹的是，桥北端桥面宽 9.02 米，南面 9.25 米，中间只有 8.51 米。赵州桥有个腰身，略略向中央收分，使得力学结构格外稳重。当年如何根据力学原理计算出收分的程度？桥体每块石头都严丝合扣，对接无暇。

要知道，每块石头都不是严格的立方体，三维的几何角度是如何计算出来的？即使在今天用电脑设计，也是一个非常困难的题目，可是，在1300多年前，我们的老祖宗就成功地解决了这些难题。

茅以升先生说："中国石拱桥的出现虽早于隋代，但赵州桥却具有创新特点和重大技术成就。""历尽沧桑一千三百余载，李春的安济桥依然为中华民族文化大放光芒。"

李约瑟在《世界科技史》中说："李春以及他所创造的敞肩式拱桥比欧洲同类型桥的出现早了一千年。"直到1883年，法国才在亚哥河上修建了类似的安顿尼特石拱桥。难怪赵州桥被评选为国际土木工程历史古迹。这样的历史古迹在全世界只有埃菲尔铁塔、英国伦敦塔、埃及金字塔等12处。

赵州桥景区不大，连带参观桥梁博物馆也用不了两个小时。从赵州桥出来，一位老乡在吆喝："豌豆黄，豌豆黄，八块一斤。"小车上盖着一条棉被。揭开被子，热气腾腾，刚刚蒸出来的豌豆糕，二尺直径二寸厚。

"来一斤。"

"好嘞。"

老头手起刀落，切了一块。拿塑料袋包着放在秤上，嘴里嘟囔："还差点，补上补上。"

农家产品豌豆黄，没放糖，原汁原味，清香可口。

雪花梨是当地的骄傲。鲜榨的赵州梨汁，又便宜又爽口。

路边不少小饭店，招牌上大书特书，河间驴肉，红焖驴肉。听说，天上龙肉，地下驴肉，真想尝尝。可惜，饭点没到，我们一行人等直奔柏林禅寺。没料到长老请我们吃斋，错过了一顿驴肉。

有缘千里来相逢

一大早，付建中就给柏林禅寺的住持明海法师打电话，一直没人接。他说："没准儿大和尚外出做法事去了。"我说："没关系，我们去朝拜一下就行，未必一定要打扰主持。"

车到门口，尚未停稳，付建中突然大喊一声："法师！"

只见明海法师笑眯眯地站在台阶上向我们合十。

付建中顾不得停车，马上下车，趋步上前，合十礼拜。付建中把我介绍给明海法师。明海法师解释说，他刚刚主持一场法事，所以没有接听手机。等一下还有一场法事。大和尚也真够忙的。

他伸手示意，后面请。一路走过去，对面来的和尚和信众纷纷站定，向他合十致敬。直到这个时候我还不知道明海法师是何方神圣。心想，身为这么大的寺庙的住持，地位自然尊崇。

随明海法师前行，抬头望见高高的钟鼓楼。奇怪，钟楼和鼓楼居然是纵向叠加在一起。钟楼在上，鼓楼在下。在一般寺庙中，天王殿后，钟楼居右，鼓楼居左。北京有条中轴线，从天安门到地安门，再延伸下去，鼓楼在前，钟楼在后。晨钟暮鼓，我问："为何如此布局？"

大和尚微笑："西边有塔，对称。"

我问："柏林禅寺有多少年了？"

明海法师答道："可以上溯1800年，寺内二宝，古塔古柏。"

柏林禅寺山门对联："寺藏真际千秋塔，门对赵州万里桥。"下联说的是，门前对着闻名天下的赵州桥，无须解释。

上联却要费些思量。一般的寺庙中多数有塔，却很少有人特别强调塔的存在。

忽然之间，我恍然大悟，禅学中常常提到的"赵州塔"应该就是这座塔。塔名"真际"，为的是纪念真际禅师，著名的"赵州和尚"从谂（读"审"）。他曾经在唐宣宗年间主持赵州观音院。在法师圆寂500年后，元文宗天历三年（1330年）始建此塔。通高33米，八角七级密檐式砖木结构。

此外，"赵州茶"、"赵州禅寺"等典故都源于此地。我看书虽多，却不求甚解。在读禅学时，好像从来没有想过赵州在哪里。冥冥之中，机缘无常。若没有缘分，怎么就把我带到禅学圣地？一般人很难见到大和尚，怎么会在山门巧遇？

柏林禅寺的来由

佛教分为汉传、藏传和南传三支。在汉传佛教中主要有成实宗、三论宗、律宗、净土宗、禅宗、俱舍宗、天台（法华）宗、华严宗、法相宗、密宗等。如果讲历史，智颉创建的天台宗最老。可是，佛教一进入内地，马上就和中华文明发生了冲突。例如，早期的佛经中没有孝的概念。一入佛门即为佛弟子，只拜佛祖不拜父母。显然，如果不能和根深蒂固的中国传统儒家文化融合就很难获得信众。于是，禅宗应运而生，迅速地调整自身，适应中国的国情。仅仅几十年，禅宗几乎一统天下，甚至其他宗派的祖庭也让禅宗当了家。识别标准并不深奥，如果在大雄宝殿有十六罗汉，必定是早期传入的那几个宗。禅宗大殿上都是十八罗汉。

寺庙的名称多为华严寺、普救寺、灵隐寺等。有的名字取自于佛经,有的取自于意愿,有的取自于地名,唯独寺名柏林,大有来头。

赵州禅寺可以一直上溯到汉献帝建安年间(196—220),初名常山郡观音院。唐玄奘在去印度取经之前曾在这里修行。150年后,从谂禅师(778—897)驻锡此地,发扬光大禅宗。

两宋期间改称永安院。

在金朝天德三年(1151年)为了避皇帝的讳,赵州改名为沃州,永安院也要改名。智林法师把寺名改为柏林禅寺。不仅仅是因为满院森森古柏,更因为一段著名的禅宗公案。

在从谂主持赵州禅寺时,有僧问:"如何是祖师西来意?"从谂答:"庭前柏树子。"

祖师指的是达摩大师。他从印度来到中国,开创了禅宗。据达摩说,天竺禅宗自释迦牟尼开始,到他这里传了28代。从达摩到慧能传了6代。从谂为六祖慧能五世法孙。也就是说,从谂是达摩第11代传人。如果从释迦牟尼算起,共计39代。不过,达摩说的28代没有文字记载,待考。为什么禅宗会从西方传入中国?人们也许可以提供许多种不同的答案,其中大部分是空话、废话、套话。从谂博学长寿,活了将近120岁,按照师脉传承,从谂最有资格回答祖师西来的问题。可是,从谂却给出一个令人匪夷所思的答案:"庭前柏树子。"

这就叫打禅。初看似乎不着边际,其实,深蕴禅机。

庭前柏林,看得见,摸得着。探寻佛学道理,无须虚幻空谈,要说就从眼前的事物说起。道无不在,遇事则禅。直指人心,见性成佛。儒家的心学讲"格物致知",王阳明对着竹子格了好久也没格出什么来,最后才恍然大悟,心外无理,心外无物。只有求诸自心才能解悟。禅宗开山祖师达摩"面壁九年",最后总结出禅学的要领"止观"。止就是要精神集中,心境清净,心无旁骛,高度聚焦。观就是清晰、明了、透彻。止观两全即为禅。很多事情不要去问别人,自己静下心来,好好想一想,想明白了就掌握了禅机。就是因为这段公案,后人将柏林作为寺名,只要谈起柏林,就是禅锋,柏林寺自然成了禅宗的祖庭之一。

历尽坎坷的柏林寺

在历史上柏林禅寺声名显赫,几度辉煌。雍正敕旨,封真际禅师"圆证直指"尊号。乾隆皇帝曾经三次驻跸柏林禅寺,写了好几首诗。乾隆一辈子写了一万多首诗,可惜,诗多好的少。在赵州桥头有乾隆御制诗碑,读了几篇,味同嚼蜡。按理说乾隆天分极高,勤奋好学,为什么写不出好诗?第一,乾隆写诗不愁没处发表;第二,没人给乾隆发稿费;第三,只要乾隆写了出来,马屁精一定叫好,从来没有人敢于批评乾隆的诗作。久而久之,连乾隆自己也忘记了,只有在竞争中才能产生好的作品。

由于雍正年间废除了僧人度牒制度,僧人文化素质普遍下降,佛教逐渐萎缩。柏林寺也走了下坡路。

民国期间,柏林寺频遭天灾人祸,逐渐破败凋零。

1951年,柏林寺一片荒凉,仅存摩尼、大慈两座大殿和真际禅师塔。

1955年,附近居民存放在禅堂的大量爆竹失火爆炸,禅堂全部被毁。

在"文革"中,柏林寺被土产公司、种子公司和石塔小学瓜分占用。

1986年,赵朴初来到此地,赋诗:"寂寂赵州塔,空空绝依傍。"只有20多棵千年古柏依然围绕着茕茕孑立的赵州真际塔。

1988年,净慧法师写道:"一塔孤高老赵州,云孙来礼泪双流。断碑残碣埋荒草,禅河谁复问源头。"

何等荒凉破败。

净慧法师临危受命,重振柏林。他不畏艰难,从头做起,从1988年重建工程动工,到2003年万佛楼落成,前后15年,整个工程几乎没有政府拨款,完全靠净慧法师及其徒众化缘筹款。如今,殿宇庄严,功能齐备,环境优雅。净慧禅师,功德无量。

柏林寺中谈禅锋

柏林禅寺,南北四进院落。

和大部分寺庙一样,山门背后就是韦陀殿。通常,如果韦陀将军手中捧着降魔杵,游方僧可以来挂单,招待吃住。如果韦陀单臂持杵,表示寺院管吃不管住。如果韦陀的降魔杵触地,问都不要问,此处不留客。可是柏林禅寺的韦陀将军把降魔杵支在地上,柏林禅寺不仅对游方僧管吃管住,还不收游客的门票。全国各地的旅游景点的门票越来越贵,连赵州桥还要收40元一位,柏林禅寺如此大的名气,居然不收门票,果然不同寻常。

第一进是普光明殿，殿前左方是钟鼓楼，右面是真际禅师塔。

第二进是观音殿和藏经楼。

第三进是禅堂，左面是怀云楼，右面是开山楼。

最后一进，万佛楼，气势非凡，庄严壮观。据说是当前亚洲最大的佛堂。高40米，宽70米，进深40米。可同时容纳2500人做法事。中央供奉五方五佛：中央毗卢遮那佛，东方阿閦佛，南方宝生佛，西方阿弥陀佛，北方不空成就佛。四周墙壁上有小铜佛像10048尊。

来到赵州禅寺，岂能不谈禅？

在佛学中有个术语"赵州茶"。其实，河北赵县并不产茶。赵州茶来自于另外一段"公案"。

有僧拜谒。从谂问："曾来此间否？"答："曾到。"从谂说："吃茶去！"

又来一僧。从谂问："曾来此间否？"答："未曾来。"从谂说："吃茶去！"

侍立一旁的院主不解："为什么您回答来过的和没来过的都一样，吃茶去？"

从谂对院主说："吃茶去！"

打禅，诀窍就在于单刀直入。

净慧大师说，一千多年来，禅宗和尚对这段公案有着各种各样的解释，其实，学习佛法不是一个知性问题，而是一个实践的问题。要知道茶的味道，必须亲自吃茶。

明海法师曾经在北京老舍茶馆说："禅有一个很重要的精神——去接触。比如说这个茶几，我们要认识它，我们要去碰它，直接去接触它，去干，去做，赤膊上阵！去做，去触撞，你就认识它了。所以禅很重视经验，从书本上说，禅是什么？你去体验。说到茶，'吃茶去'。你要直接喝，生命也是一样。你要直接去碰，你直接去爱一件事，你为它付出，为它受苦，你就认识它了。"

赵朴初说："空持百千偈，不如吃茶去。"

把复杂的事情简单化，这就叫"真佛只说寻常话"。大道不称，大辩不言。如果把简单的事情说得非常复杂，要不然是没有本事，要不然是别有用心。

谈经论道柏林寺

随着明海禅师穿堂过院，一直来到住持和尚的接待室。

在走廊上我看见了暑期生活禅夏令营的照片。柏林禅寺从 1993 年起每年都举办暑期生活禅夏令营，每期招生 250 人，招生对象是大学本科以上、30 岁以下的人，报名者往往超过 2000 人。我们北京大学中国经济研究中心每年夏天都办经济学暑期夏令营，我早就听说过禅宗也办暑期夏令营，没料到居然在这里。

落座之后，我恭恭敬敬地问明海法师："几亿年轻人的心田有待开垦、播种。生活禅夏令营是一个了不起的良好开端。请问夏令营用的是哪部佛经？"

明海法师缓缓而答："普及基础佛学知识，没有选定的经典。"

我说："无经如何入心？夏令营如果有个经典作为依托，必能让学员们在佛学理论上大大提高一个层次。恕我无知，我看过许多部佛经却没有把哪部看完。"

明海举手示意，为何？

"语言生僻，含义艰深，枯燥繁琐，废话甚多。唯独《坛经》尚有可取之处。可惜太长。当代年轻人生长于速食文化氛围之中，他们没有耐性把一部佛经读完。《坛经》要有精华版，十页、二十页足矣。让90后的年轻人能读下去。早颂晚念，心口相印。"

我请教："请问，有几位划时代的佛学大师？"

明海法师说："道安大师成就了佛教中国化，慧能大师成就了佛教大众化，太虚大师成就了佛教的现代化。"

我问："当代可有佛学大师？"

明海禅师答："太虚、净慧创建当代佛教，居功甚伟。"

"我很佩服星云法师，没有架子，句句只说家常话。"

法师连连点头："生活禅。"

我接着说："如今，90后的年轻人信仰真空。不管信什么，最糟糕的就是什么都不信，只信钱。中国人常说，人在做，天在看。举头三尺有神明。说的是人要有敬畏感。要敬畏自然，敬畏规律。干了坏事，说了谎话是要受惩罚的。至于头上是哪位神明，不确定。也许是佛祖，也许是上帝，也许是真主。如果什么神都没有，至少还有自己的祖先。要帮助年轻人逐步建立信仰。

"我在西方接触过基督教。新教中的一个流派叫'查经班'，很活跃。他们不注重宗教仪轨，也没有豪华的教堂。他们通过对《圣经》的学习清理自身的思想，把不能解决的难题交给上帝。无论是什么人都有一些解决不了的难题，很多人对于生与死、灵魂的归宿等疑惑不解，从而产生恐惧、孤独、抑郁。与其形成死结，不如把这些难题交给神。"

明海法师说:"佛祖和信众是老师和学生之间的关系。"

我笑道:"那就把难题交给老师好了。卸下包袱,一身轻松。有一个终极依托,消除无穷烦恼。从这个角度来看,就是没有上帝也要造一个上帝出来。依我拙见,禅宗能够在中国广为流传就在于能够兼收并蓄,结合中国的国情。如今不仅要建立新的佛学宗派,还要写出新的佛经,只有这样才能适应时代的需要。"

由于明海法师还有佛事活动,他起身连连说,"幸会幸会。请利生法师带你们去看看,留下来用斋饭。后会有期。"

老树如今发新芽

我和明海法师很有缘分,不期而遇,相见恨晚。可惜,时间太短,有些话还来不及说。

社科院的王志远主张,创立宗派是佛教在当代复兴的迫切需要。此言颇有见地。

一个宗派的诞生要有几个条件:

第一,要有名寺为祖庭。毫无疑问,柏林禅寺——很可能后人会称之为柏林宗。

第二,祖师——净慧大师。

第三,理论创新点——生活禅。

第四,主要经典——非常遗憾,没有。

难道不会自己写一部?

在《高僧传》中把僧人的贡献分为"十科":译经、解义、习禅、明律、护法、感通、遗身、读颂、兴福、杂科。并且说:"凡此十条,世罕兼美。"十大贡献中唯独没有写经,难道经就写不得吗？唐代的六祖慧能不识字，他的《坛经》是佛门重要著作。除了《坛经》之外，几乎所有的佛经都是从梵文翻译过来的。必须肯定，写经的印度佛学家很了不起，就像经济学界的亚当·斯密、哈耶克、凯恩斯等一样，各领风骚几百年。经济学界的老前辈决计想不到今天经济学流派的相互融合，想不到如今的信息时代，也难以想象90后的阅读特征和精神需求。人类认识世界就是与时俱进，后浪推前浪。在前辈面前没有必要妄自菲薄，只有站在巨人肩膀上才能看得更远。慧能能够写经，今人当然也能。

净慧长老是一个大学问僧。他认为以往的佛学教材或者是各种经典原文，不够通俗，内容不够完整。在净慧禅师的具体安排下，河北佛学院编出了一套佛学院教材。这就是一个良好的开端。百尺竿头更进一步，期待着"柏林经"早日问世。柏林经为当代年轻人而写。要给年轻人提供解惑排难的依托。

让年轻人找到一种归属感。把自己解决不了的麻烦、困扰交给佛祖。

让年轻人有一种敬畏感，敬畏规律，不打诳语，不做坏事。

让年轻人有一种责任感，奉献社会，帮助别人。

新经切忌过长，几百个字就可以，四字一节，朗朗上口。用词通俗，容易记忆。

王志远认为："能不能确认净慧长老是祖师，还要看他的接班人能不能成为宗师。此宗师不仅要成为兼备经、律、论三藏宗旨的高僧，受到万众拥戴，万人景仰，而且要继列祖法统之绪，开一代风气之先。""只有祖师而没有宗师，宗派便不得长久。"

明海法师，1968年生人，1991年毕业于北京大学哲学系，1990年在北京广济寺结识净慧大师，1992年于柏林禅寺出家。2000年成为净慧座下临济宗45代传人。虽然我只和明海法师交谈不到两个小时，已经深感他功力深厚，谈吐不凡，年轻有为，重任在肩。

素斋堂上谈佛学

利生法师带领我们一行人等在怀云楼拜谒了虚云老和尚法像，在开山楼拜谒了净慧老和尚法像，参拜了老和尚的舍利子，在万佛楼向佛祖敬上一炷香。

回到斋堂。义工端上来一盘馒头，一盆米饭，茄子、豆腐、青菜各一盘。利生法师说："我已经用过了，各位请。我们在乡下有1000亩地，自己种的无公害蔬菜，各位尽可放心食用。"

边吃边谈。我问："你们早上几点起床？"

"五点，早课一个多小时。"

"念什么经？"

"大悲咒。"

"懂吗？"

"真的不懂。念的是梵语的音译。全靠背诵。"

"念那些自己不懂的东西，是否感到痛苦？"

利生法师连连摇头："我很欣赏这种超越自我的状态。念咒的时候，心境特别清净。"

我也摇了摇头，但是没有多说。超越自我的高度集中就是"止"，止于混沌不如止于诚心。一部好的经书就像一架楼梯，引领着人们接近真理。无论如何总比让人们在黑暗中摸索要好得多。

我问："为什么寺庙落成的时候要请高僧开光？为什么信众供奉的佛像，佩戴的念珠要请高僧开光？"

利生法师答："开光就是祝福，并没有什么特殊的含义。"

以前有人告诉我，开光是个宗教仪轨，旨在建立沟通精神和物质之间的关系。

在所有的神佛菩萨当中观音的人缘最好。观音菩萨虽然远在南海，可是无论谁念一声南无观世音，她立刻就知道。世上亿万信众，每分每秒都有无数的祈祷，如何才能准确地识别信息来源？佛像、念珠不过是寻常物质，开光加持之后，增强了镜像作用，便于佛祖、菩萨在万千信息中识别。由于精神和物质是完全不同的两个范畴。永远不要试图用物质的手段来验证精神。开光前后，念珠在物质属性上没有任何变化。寄托的是高僧大德的祝福。是否能够起到镜像反射作用，一句话，心诚则灵。

不打诳语是佛门一戒。利生法师如实相告，佩服。

我问："柏林禅寺的僧众人数是否有限制？"

答："没有，只要符合条件就可以加入。如果仅仅是因为失恋、失意、失败就想遁入佛门，把佛门当作避难所，这样的出家不受鼓励，也不会被接纳。柏林禅寺目前有和尚200余人，在国内已经算是大寺庙了。"

据复旦大学王雷泉教授统计，1949年汉传佛教僧尼50万人，大小寺庙5万余所。到"文革"爆发前的1965年，寺庙不足6000，僧尼不到1万。改革开放30年后，佛教寺庙和僧尼数远远没有恢复到 1949 年的水平，可是中国的人口已经从 4.5 亿增加到 13 亿。利生法师说："当前出家僧人不足 20 万。按照人口比例来说，僧众人数增加几倍也不算多。"

现代佛教把僧人分为两大类：经忏僧和学问僧。经忏僧以做法事为主，学问僧研究佛学，发展佛学。经忏僧固然很重要，学问僧才是振兴佛教的关键。禅宗需要高素质的人才，需要一批大学问僧，从而创作出适合当前年轻人特点的新的经典。

柏林禅寺是出大学问僧的地方。

2015 年 8 月 23 日

苏东坡的脚印
——惠州记行

崛起惠州

应国资委"中外名家"讲座之邀，2007年8月25日，我在大庆讲完课直飞广州，晚上9点到了白云机场之后立刻转车驰往惠州。

一路上重型货车一辆接着一辆，首尾相连，几乎从广州一直排到惠州。从一个地区的公路运输量可以大致看出经济发展的态势。我在中亚和东欧旅行，公路上看不到几辆大货车。这就不太妙，起码说明当地的企业拿不到多少订单，经济有点萧条。北美五大湖地区是制造业中心，入夜之后，高速公路上车水马龙。美国加州硅谷，主要是高科技和电脑软件业，货运量不大，可是高速公路上也热闹非凡。珠江三角洲是近年来世界经济体系中著名的增长点之一，其货运量绝对不逊于北美的大湖区。美中不足的是交通秩序并不太好，有些司机总想超车，弯来绕去，费了不少力气，不过在车龙当中往前移了几位。

快到惠州时，离开了高速公路，在市区的街道上反而跑得快多了。入住惠州康帝大酒店之后，热情的主人要请我吃夜宵，看看手表已经过了12点，第二天下午还要作报告，早点歇了吧。

又一个西湖

清晨，拉开窗帘，我被震惊了，从酒店25层的落地窗望下去，"半城山色半城湖"。西湖好像一幅绝妙的山水画，展现在面前。早就听说，天下西湖三十六，只有惠州的西湖可以和杭州相比。两个西湖有许多相似之处，有山有水，青山葱茏，湖光潋滟。如果杭州西湖是圆圆的明月，惠州西湖就是明月在水中的倒影。微风徐来，水波荡漾，摇碎了一轮月影，将惠州西湖分为五个部分，平湖、丰湖、南湖、菱湖、鳄湖。这些湖水系相连，以长堤和曲桥分开，人称五湖六桥十六景。我将椅子拖到窗边，泡上一杯茶，在茶香中慢慢地品味西湖。仁者乐山，智者乐水，在西湖边上，求仁得仁，求智得智。

早餐后，我迫不及待地拉着几位朋友去逛西湖。租船码头刚开张，我们就跳进一艘电动小船，钻进了湖面上尚未散尽的薄雾。恰如苏东坡所描绘的那样："照野弥弥浅浪，横空隐隐层霄。"湖的北面是郁郁葱葱的孤山，山上的泗州塔也叫雁塔，从一片葱茏中钻了出来，使人想起了杭州的雷峰塔。湖的南面是一片高楼大厦，领头的就是我入住的康帝大酒店。我搞不清楚，这家酒店为什么叫这么别扭的名字？宋高宗赵构，原来封为康王，靖康之乱，泥马南渡。不过，他跑到杭州去了，好像没有来过惠州。要说周边的观光环境，世界上大概没有几家饭店赶得上康帝大酒店。前面是旖旎的西湖，背后是浩荡的东江，绝了。可是，便宜了酒店的客人，却给湖边的游客增添几分压迫之感。西湖原本就没有太湖开阔浩渺，更比不得大海之滨，在湖边上修这些高层建筑，把西湖压缩成了一盘盆景。可惜，可惜。恨不能把这些大楼连根拔起来，给它们换个地方。

小船静悄悄地穿过一座座小桥，眼前的景色变化着，好似徘徊在苏州园林中，曲径通幽。百花洲就在康帝大酒店的门前，活像漂浮在西湖上的一片绿叶。小船从九曲桥下穿过，楼台亭阁隐藏在大榕树的树荫中。岸边几个老人品茶下棋，悠哉乐哉。有人在岸上挥手，我没有听见他喊些什么，朋友解释说，他叫我们不要靠近岸边，别把他的鱼吓跑了。大清早的，跑到西湖边上来钓鱼，真够潇洒的。

湖面水平如镜，船后拖着长长的涟漪。当我们回程时，才看到第二条船划出了码头。不一会儿，五颜六色，各式各样的游船缀满了西湖水面。

苏东坡的脚印

进了惠州西湖的东门就是苏堤。"苏堤如带五千尺"，一不留神就踩上了苏东坡的脚印。要说湖泊，天下哪里没有？北美的五大湖，水域辽阔，气象万千。我曾泛舟于休伦湖上，水天茫茫，感叹宇宙之广阔，人生之渺小，可是，总觉得缺了一点文化气息。一到西湖，深厚的文化底蕴扑面而来。湖边五步一碑、十步一亭，许多石刻像似一本打开的书，上面都是苏东坡的诗作,而且绝大部分都和惠州有关。"一自坡公谪南海,天下不敢小惠州。"恐怕没有哪个地方的风景和一个大诗人有这样密切的联系。

孤山是惠州西湖的中心。山不高,郁郁葱葱,其实人们看到的是树冠。如果不算树的高度,孤山就更矮了。泗州塔,七级浮屠,小巧玲珑,论气势无论如何也赶不上钱塘江边镇潮的六和塔。山不在高,有仙则灵。孤山遐迩闻名,只因为在山上有苏东坡纪念馆和草木深处的王朝云墓。

苏东坡纪念馆不大,古色古香。楼前一尊苏东坡花岗岩塑像,老先生手持书卷,眺望西湖,面色凝重。门前的楹联,绝妙好辞:

明月皓无边,安排铁板铜琶,我亦唱大江东去。
春风睡正美,迢递珠崖儋耳,谁更怜孤鹤南飞。

在苏东坡被流放的过程中,惠州是个中间站。上联说的是他在湖北黄州写下了著名的《前赤壁赋》和《后赤壁赋》。三国时赤壁大战发生在湖北嘉鱼,人称武赤壁。苏东坡在黄州游玩的地方叫文赤壁。斗转星移,文赤壁居然比武赤壁的名气更大。苏东坡来惠州三年后再次被贬。下联说他来惠州的时候还有王朝云陪伴,走的时候只有孤苦伶仃一个人,像孤鹤一般飞去更偏远的海南儋耳。

苏东坡一生有过三个女人。第一任妻子王弗在苏东坡30岁时因病去世。苏东坡非常悲伤,写下了一首脍炙人口的悼亡诗:"十年生死两茫茫,不思量,自难忘。"续弦王闰之也很贤惠,在苏东坡57岁时去世。两年后,苏东坡被撵到惠州,当时岭南瘴疠盛行,只有侍妾王朝云忠心耿耿跟随他来到这里。不幸，她在这里染病故去。苏东坡悲痛不已，肝胆俱裂："伤心一念偿前债，弹指三生断后缘。"苏东坡将王朝云安葬在孤山栖禅寺东南的松林中，在墓志铭中称赞她"敏而好义，忠敬如一"。后人感念苏东坡的坎坷经历和王朝云的忠义情深，在墓地侧后修建了苏东坡纪念馆。

在王朝云墓前方有座六如亭，柱上楹联的上联引用王朝云去世前的话："如梦，如幻，如泡，如影，如露，如电。"也许这是王朝云在历尽苦难之后对人生的一个小结。记录下这段话的肯定是苏东坡本人。后来，在修六如亭的时候，有人给续上六个不："不生，不灭，不垢，不净，不增，不减。"与上联相对，充满佛学中的哲理。

不合时宜的苏东坡

苏东坡是四川眉山人，22岁中进士之后，离开家乡，足迹从南到北，遍及全国。他当过翰林学士，正三品的大官。北宋的京城在河南开封。苏东坡在那里住的时间最长。前后两次，总共九年。36岁时他出任杭州通判，第二把手，住了三年。54岁当杭州太守，第一把手，又住了三年。合在一起，在杭州住了六年。其他时间大多在各地迁移、漂泊。居住时间在一年左右的有河南汝州、山东登州、江苏扬州、河北定州、浙江湖州。两年左右的有徐州。在山东密州居住三年左右，后来被充军发配到湖北黄州，住了四年，在广东惠州三年，海南儋州四年。

中国历史上有许多著名的诗人，李白、杜甫、白居易、陆游、辛弃疾等等，他们在文学造诣上各有千秋，唯独苏东坡留下的遗迹最多，四川峨眉山、黄州赤壁、宜昌三游洞、湖口石钟山、庐山东林寺等等。是他的诗词给那些名胜注入了文化和灵魂。看起来，一个人不能在一个地方待得太久。人生苦短，如果老在一个地方，别的地方就去不成了。也不能在一个地方待得太短，假若像旅游者一样，鸭子背上浇瓢水，一溜而过，顶多像徐霞客一样写上几篇游记，很难融合当地的风土人情。

从经济学的角度来看，学者是稀缺资源。如果苏东坡待在一个地方不动，也就是一个苏东坡。他老先生天南海北地四处奔波，一个变成了N个。充分实现了效用最大化。古今中外的文豪很多，却没有哪一个像苏东坡这样广泛地和祖国的山水融合在一起。

苏东坡不仅写诗填词，还到处讲学，他跑到海南办了一个学堂，教授了一群弟子，连当地语言都延伸出来一种类似四川话的"苏东坡话"。大概，只有几百年后明朝的王阳明可以和苏东坡比较。王阳明被贬到贵州、广西和赣南，也到处办学，不仅教了一大批学生，还影响到了当地的语言。在语言学中这样的案例实在不多。

在惠州，苏东坡闲暇之余，摸着自己的肚子问身边的人："你们猜，我肚子里都是些什么东西？"有人说："满腹文章。"苏东坡摇头。有人说："满腹见识。"苏东坡还是摇头。王朝云说："学士一肚皮不合时宜。"苏东坡哈哈大笑，连连点头。

什么是"不合时宜"？有人解释说是不随波逐流，有人说是不逢迎拍马。这些解释都有几分道理，不过，好像还是浅了一点。北宋年间，新党旧党，轮流执政，无论是谁当朝，苏东坡都遭到排斥打击。左右不讨好。其实，就是不赞成王安石、司马光，也未必就闹得连京城也待不下去。退一步说，就是在京城待不住，也不至于连中原也没有一个立足之地。苏东坡去杭州是自己主动申请的。也许他不喜欢因官场应酬而消磨才华，不愿意在外界的压力下改变自我，这才是真正的不合时宜。倘若他留在开封混日子，或者在某一个地方隐居下来，我们还会有"大江东去，浪淘尽，千古风流人物"这样不朽的诗篇，还有今天惠州的西湖吗？

当今，"愤青"特别多，对世界上的事情全都不满意。这个也不对，那个也不好，满腹牢骚，反正都是别人的错，天下的人都对不住他。要说受委屈，受打击，有几人超过苏东坡？明明他没什么错，却总挨整，被朝廷赶出京城，越撵越远，从河南赶到岭南，再撵到天涯海角。苏东坡在逆境中泰然自若，保持平常心。他在开封和杭州都写过一些很好的诗词，但是，最大的艺术成就却产生在他最倒霉，被贬斥挨整的时候。苏东坡自己说过："问汝平生功业，黄州、惠州、儋州。"环境越艰苦，他活得越滋润。

此心安处是吾乡

挫折和苦难好比一块大石头，它会压垮一只蝼蚁，也会把宝刀磨得更加锋利。做人难，在逆境中抬头挺胸做人更难。吃了亏，受了冤枉，谁没牢骚？苏大学士也发牢骚，他在一首诗中称："人皆养子望聪明，我被聪明误一生。惟愿孩儿愚且鲁，无灾无难到公卿。"愚笨透顶反而可以当大官，指桑骂槐，这还不是发牢骚吗？

苏东坡不仅写诗填词，还兴致勃勃尽琢磨好吃的。他不仅是一个美食家还是一个超级厨艺大师。在如今的餐馆中以历史名人典故取名的菜肴除了左宗鸡、宫保鸡丁之外，很多都和苏东坡有关。有东坡肉、东坡三脆、东坡鱼、东坡豆腐、东坡肘子还有东坡酒、东坡饼。凡夫俗子渴来便饮，饥来就食。当苏东坡坐在灶台前慢火炖肉的时候，我相信他的心情特别舒畅。打开锅盖，闻到红烧肘子的香气，哪里还在乎外界什么诬陷和诽谤？

有人把挨整看作背时，就是缓过劲来之后也讳莫如深。苏东坡却君子坦荡荡，毫不隐讳。苏轼，字子瞻，东坡是他的别号。这个别号是怎么来的？他被撵到黄州当"团练副使"，从八品，比县官还低二级。薪俸甚低，常有断炊之虑。没办法，只好自己在居所的东坡上开荒种地，因此将东坡居士作为别号。在他的东坡八首中写道："吏民莫作官长看，我是识字耕田夫。"

和苏东坡相比，别的名士就幸运多了。东晋的陶渊明不愿为五斗米折腰，却好赖没怎么得罪人，还能自己选个地方当隐士。"采菊东篱下，悠然见南山。"陶渊明肯定比苏东坡有钱，起码他用不着自己种田。采几朵菊花，谈不上辛苦，悠然自得。唐代的白居易自号"香山居士"，住在洛阳龙门对面的香山，那可是个风景绝佳的好去处，高档小区。苏东坡一生不知道住过多少豪宅大院，完全可以拿哪处书斋起个别号，可他偏偏拿自己开荒的东坡做别号，够倔的。

朝廷放逐苏东坡，是想让他吃些苦头，低头就范，乞求上峰宽恕。其实，苏东坡并不是不食人间烟火的神仙，当他送客北归时，也难免流露真情。"一声鸣雁破江云，万叶梧桐卷露银。我自飘零足羁旅，更堪秋晚送行人。""别后与谁同把酒，客中无日不思家。"

然而，转过头来，浩气不减。苏东坡在山水之中陶冶情操，实现自我。苏东坡词曰："莫听穿林打叶声，何妨吟啸且徐行。竹杖芒鞋轻胜马，谁怕，一蓑烟雨任平生。料峭春风吹酒醒，微冷。山头斜照却相迎。回首向来萧瑟处，归去，也无风雨也无晴。"任凭风雨袭来，依然处变不惊，回首往事，风风雨雨，家常便饭，算得什么！

苏东坡说："罗浮山下四时春，卢桔杨梅次第新。日啖荔枝三百颗，不辞长作岭南人。"只要有荔枝可吃，老子待在岭南不走啦。待在开封城里，你们有几个能吃到荔枝？气死你们！

"万里归来年愈少，微笑，笑时犹带岭梅香，试问岭南应不好？却道，此心安处是吾乡。"苏东坡的诗词多好！何处是家乡？心安之处就是。

惠州出城不远就是著名的罗浮山，是道教的十大洞天之一。苏东坡曾经来这里和冲虚观的道士、宝积寺的长老谈经论道。他以超人的智慧，学贯儒、道、释。苏东坡的诗文中包含着极深的哲理。他在逆境中积极面对人生，从来没有消极悲观，弃世出家。

西湖虽小，因苏东坡而荡漾着一股磅礴大气。惠州虽小，却也不同寻常。近年来惠州经济腾飞，出现了一大批优秀企业，市区内一群群高楼大厦拔地而起，面貌日新月异，如果东坡先生再来惠州，更不想走了。

2007 年 8 月 25 日